DESAFÍA AL FUTURO

ALGUNOS SUEÑAN CON EL FUTURO QUE QUIEREN TENER

OTROS LO CONSTRUYEN

PAOLO LACOTA

La misión de Editorial Vida es ser la compañía líder en satisfacer las necesidades de las personas con recursos cuyo contenido glorifique al Señor Jesucristo y promueva principios bíblicos.

DESAFÍA AL FUTURO
Edición en español publicada por
Editorial Vida -2012
Miami, Florida

© 2012 por Paolo Lacota

Edición: *Virginia Himitian*
Diseño de interior: *CREATOR studio.net*

RESERVADOS TODOS LOS DERECHOS. A MENOS QUE SE INDIQUE LO CONTRARIO, EL TEXTO BÍBLICO SE TOMÓ DE LA SANTA BIBLIA NUEVA VERSIÓN INTERNACIONAL. © 1999 POR BÍBLICA INTERNACIONAL.

Esta publicación no podrá ser reproducida, grabada o transmitida de manera completa o parcial, en ningún formato o a través de ninguna forma electrónica, fotocopia u otro medio, excepto como citas breves, sin el consentimiento previo del publicador.

ISBN: 978-0-8297-6193-1
CATEGORÍA: Vida cristiana / Crecimiento personal

Impreso en los Estados Unidos de América
Printed in the United States of America

12 13 14 15 ♦ 6 5 4 3 2 1

CONTENIDO

Prólogo — 5
Recomendaciones — 7
Reconocimientos — 9

TRAVESÍA HACIA EL FUTURO — 11
Entrar en la escena de acción — 13
El gran desafío — 21

ACTITUD — 27
¿Cuestión de actitud? — 29
Anticipa al futuro — 37
Apunta a la luna — 45
Hambriento y Alocado — 53
Asesinos te buscan — 67
Consejos para mejorar tu actitud — 78

DECISIÓN — 79
Expedición al futuro — 81
Vientos favorables en tiempos turbulentos — 91
Lecciones de vida — 99
El error de errar — 109
A la hora de tomar decisiones — 117

ACCIÓN — 119
Sueños de zapatería — 121
En las arenas del futuro — 129
Luz, cámara, ¡acción! — 145
Pequeños detalles del gran engranaje — 151
Manos a la obra, llegó la hora de la acción — 156

MANTENER EL CURSO — 159
Alto vuelo — 161
El amanecer de una noche para el olvido — 169
Especie en extinción — 181

Bibliografía — 189

PRÓLOGO

Todos vamos camino a nuestro destino, hacia nuestro futuro. Hay instancias en la vida que se presentan como el destino, sin embargo solo son etapas, y no siempre agradables, aunque debemos superarlas con los ojos puestos en la meta que deseamos alcanzar. Este es el mensaje que, con notable habilidad, Paolo transmite a través de las páginas del libro que tienes en tus manos. Él puede hacerlo con toda autoridad porque es alguien que ha desafiado exitosamente al futuro, ya que desde su niñez ha enfrentado la adversidad con fe en Dios y en las capacidades que le regaló.

Al igual que muchos otros, yo he tenido suficientes problemas como para complicarme asumiendo también una mala actitud. Mi familia se desintegró cuando era muy pequeño, así que no tuve hermanos y crecí solo con mi madre. Además, siempre viví rodeado de amigos con familias unidas. Esto me llevó a luchar contra la corriente desde niño y me enseñó a concentrarme en lo que poseía, no en lo que me faltaba. No tenía a mi padre, pero aproveché al máximo la bendición de tener una madre maravillosa. He aprendido a usar lo que me fue dado y hacer crecer lo pequeño para que se convirtiera en algo grande. Así es como he desafiado al futuro, alcanzando la bendición que Dios desea darme.

DESAFÍA
AL FUTURO

Precisamente ese es el tema de este brillante libro, *Desafía al futuro*, que habla sobre tomar la decisión de ser feliz y aprovechar las oportunidades, sin lamentarse o anhelar las de los demás. Te aseguro que al leerlo encontrarás respuestas para tu vida y serás capaz de abrir aquellas puertas que se encontraban cerradas.

Además, esta lectura te ayudará a comprender que no todas las etapas de la vida son para ganar, pero sí para aprender; que no debemos anticiparnos a la derrota con una actitud pesimista y negativa porque estamos hechos para vencer; y que tanto sumar como restar son parte de la existencia. Entenderás que solo al final del camino podremos hacer cálculos para saber si verdaderamente perdimos o ganamos en el proceso de desafiar al futuro.

Con este libro Paolo, de manera extraordinaria, nos enseña a valorar las cosas en su justa medida, sin complicarnos con las actitudes negativas que nos limitan. Nos ayuda a entender que las dificultades son pasajeras y no se comparan con el futuro que debemos desafiar y alcanzar. Nos impulsa a poner la mirada en la meta y no en el camino, que probablemente será difícil. Aprenderemos a superar los fracasos y a entender que la aflicción es pasajera si creemos y nos esforzamos por alcanzar el éxito.

Así que preparémonos para una lectura con el potencial de modificar el rumbo de nuestra vida para siempre.

Dr. Cash Luna
Autor y conferencista Internacional

RECOMENDACIONES

Este libro es un trampolín para saltar hasta alcanzar tus sueños más altos. Una vez más Paolo Lacota nos acerca un material práctico y al punto para que cada joven pueda tener una idea más precisa de cómo edificar un futuro mejor. ¡Recomendadísimo!

Dr. Lucas Leys
Presidente de Especialidades Juveniles y conferencista internacional

Cada día tú y yo nos enfrentamos con diferentes experiencias que pueden indicarnos cómo reaccionar o prepararnos para el futuro. En este magnífico libro Paolo nos proporciona herramientas que nos ayudarán a poner nuestra confianza en él, y a no depender de nuestro entorno o de las situaciones para saber si seremos bendecidos o no. Te animo a que leas y estudies este hermoso libro, que de seguro bendecirá tu vida de una forma poderosa y radical.

Alex Campos
Músico y autor, ganador del Latin Grammy

Paolo es uno de esos tipos que saben superar adversidades y que nunca bajan los brazos. Es de aquellos que desarrollan su carácter aceptando los retos del Maestro, es de los que saben que es imposible construir el proyecto propio sin participar en la construcción del proyecto de otros. Esta es una maravillosa oportunidad para sentarte a compartir ideas y principios con alguien que ha sabido desafiar su futuro para convertirse en el protagonista de su presente. No te lo pierdas, hay mucho por delante.

German Ortiz
Experto en adolescencia, autor, conferencista internacional

DESAFÍA
—AL FUTURO—

Muchos creen que el pasado que uno ha vivido define su futuro, ¡sin embargo eso es una gran mentira! Porque «yo soy hoy lo que decidí ayer, y seré mañana lo que decida hoy». En *Desafía al futuro* Paolo nos muestra cómo la mejor historia de nuestra vida todavía no se ha escrito y nos enseña cómo entrar en acción para vivir, junto a Jesús, al cien por ciento de aquello para lo que fuimos diseñados por Dios. Lánzate al futuro porque Dios+uno = mayoría. ¡Lee este libro y lánzate, que la humanidad te espera!

Emmanuel Espinosa
Líder de la banda Rojo, salmista y autor

Conozco a Paolo Lacota hace varios años y sé que lo que Dios le ha dado es un mensaje relevante y oportuno que te ayudará a ser el líder que Dios quiere que seas. En este libro aprenderás a crecer, a luchar, a desafiar a tu futuro y a tomar lo que Dios ya te ha dado, disfruta de su lectura al máximo.

Coalo Zamorano
Músico, productor, conferencista

No tengo dudas de que Dios ha levantado en esta generación a hombres como Paolo Lacota para recordarnos lo que hemos desatendido. En este libro Paolo comparte lecciones que inspiran y que ningún lector podrá pasar por alto. Serás desafiado a pensar y a ponerte en acción buscando los sueños que Dios tiene preparados para ti.

Adrian Intrieri
Psicólogo, conferencista, autor

RECONOCIMIENTOS

A la mujer de mis sueños, Karen Lacota. Gracias por estar siempre a mi lado, por llenar mi vida y por hacerme el hombre más feliz del planeta. ¡Te amo!

A mis tesoros Giannina y Mía Paulina. ¡Qué regalo más hermoso, divertido y conmovedor me dio Dios al permitirme ser el papi de ustedes! Es sin lugar a dudas la aventura más emocionante que jamás imaginé. Las amo.

Lucas, qué honor y qué divertido resulta trabajar contigo. ¡Estos ocho años que llevamos juntos han sido realmente increíbles! Es sorprendente ver que lo que hablamos ayer, hoy, luego de un tiempo, se ha convertido en realidad. Antes de conocerte ya habías influenciado mi vida. Gracias por ser una bendición tremenda para mi vida y familia.

A mis pastores Emilio y Bethania Abreu. ¡Qué privilegio compartir con ustedes estos veinticinco años! Gracias por todas sus enseñanzas, oraciones y por entender y apoyar el llamado que Dios nos dio; sin el sostén de ustedes nada sería posible.

A los pastores Cash y Sonia Luna. Ustedes son una inspiración y un ejemplo a seguir para todos los que los conocemos. Pastor Cash, gracias por haber escrito un prólogo tan profundo y desafiante. Me siento muy honrado por tan preciosas palabras. Es un lujo tener líderes de tu calibre en nuestro continente.

Emmanuel Espinosa, Germán Ortiz, Alex Campos, Lucas Leys, Coalo Zamorano y Adrian Intrieri, gracias por su amistad y por tan bellas palabras en las recomendaciones. ¡Qué bendecida ha sido esta generación por contar con líderes y salmistas tan geniales!

A mi mamá Kuqui. Gracias por invertir tu vida en sembrar la palabra de Dios en la mía, y por todas tus oraciones. Nunca podré saldar mi deuda contigo.

A mis hermanos. A Oscar Lacota, gracias por imprimir en mí la consigna de que con Dios todo es posible, y a Ludwing Lacota por aconsejarme siempre con tanta sabiduría y soñar junto conmigo (ustedes son mis héroes).

A mis amigos Orlando y Sandrita Gudiel; a los licenciados Francisco e Ivanita García de Guatemala; a Andrés Corrales, mi amigo Tico Charrúa; a Alex Pérez de Guatemala; a Narumi Akita, gracias por tu entrega y pasión a este proyecto. A Gustavo Salazar, Bruno Valenzano, Rodrigo Aguayo, Alberto Zarza, la banda Xtremo, Juan Shima, Martín Creator, gracias por los años de amistad.

Y como siempre, a ti, Jesús. No sé qué palabras usar para describir lo que sentí cuando me llamaste al ministerio. Lo único que puedo decirte es: ¡Gracias! Te estaré eternamente agradecido. Con toda certeza comprendo lo que sintió el obrero de la undécima hora cuando fue contratado. Gracias Jesús, eres el máximo héroe de mi vida. Este libro existe gracias a ti. Es tuyo, Señor.

A ti que tienes este libro en tus manos, mi oración es que te ayude a tomar decisiones inteligentes que te sirvan para forjar un mejor mañana; que puedas batir todos los récords y arrasar con todos los pronósticos. Y, por sobre todo, que entiendas que de la mano de Dios tienes el poder de labrarte un gran futuro a partir de hoy... ¡Qué lo disfrutes!

PAOLO LACOTA

TRAVESÍA HACIA EL FUTURO

ENTRAR EN LA ESCENA DE ACCIÓN

Chris Gardner es un padre de familia que lucha por sobrevivir. Sale todas las mañanas decidido a hacer el negocio que le permita acercarse un paso más a la estabilidad económica que anhela. Chris recién conoció a su padre a la edad de 28 años, así que desde muy niño se trazó una meta y decidió que cuando tuviera hijos ellos iban a saber quién era su padre.

Junto con su esposa Linda y Christopher, su hijo de cinco años, emprenden la travesía, pensando en su futuro. Chris decide gastar los ahorros familiares de varios meses adquiriendo ciertos aparatos escáner para medir la masa ósea. Sin embargo, lo que para él significa una revolución en el campo de la salud, es considerado un lujo innecesario por los médicos y hospitales.

Aunque Chris es un vendedor increíble y muy talentoso, sus ingresos están muy por debajo de sus necesidades. Los días parecen volar y ningún esfuerzo realizado resulta suficiente para llegar a fin de mes de la manera esperada.

A pesar de sus innumerables intentos por mantener a la familia a flote, los resultados no son favorables, por lo que la tensión en el hogar comienza a aumentar. El quiebre económico, emocional y laboral es inminente, a pesar de todos los intentos de Chris por sostener lo insostenible. En tanto que las discusiones y entredichos con su esposa se acrecientan, las cuentas vencidas, los pagos atrasados y las horas de trabajo extra, hacen que la presión resulte casi insoportable.

Con todo, no se vislumbra el camino hacia una solución rápida que pueda traer un poco de calma al hogar. Es más, su esposa abandona la casa llevándose a su hijo consigo. Tiempo más tarde Chris consigue que su pequeño viva con él.

Devenido en padre soltero, enfrenta tenazmente la lucha en busca de un empleo mejor pago, aplicando todos los conocimientos y habilidades tácticas comerciales que conoce. Luego de una entrevista logra que lo inviten a participar de un entrenamiento y de una pasantía laboral en una prestigiosa empresa de corredores de bolsa. Acepta con entusiasmo, a pesar de que no es rentada, con la esperanza de finalizar el plan de estudios que le abra las puertas a un trabajo y a un futuro más prometedor.

Sin un dinero que le permita afrontar los seis meses de pasantía sin salario, pronto los problemas de Chris se incrementan. Los aparatos para medir la masa ósea que le quedaban se le terminan, y le resulta imposible pagar los gastos, que continúan creciendo. A los pocos días, lo desalojan del apartamento que ha rentado, junto con su pequeño Christopher, y esa circunstancia desata una cantidad de situaciones que llevan a Chris y a su hijo de cinco años a vivir momentos impensados.

Sin un lugar en el que reposar, Chris y su niño se ven obligados a vivir en albergues y refugios para mendigos, estaciones de trenes, y hasta a pasar la noche en un baño público o en cualquier lugar en el que encuentren espacio para descansar. A pesar de todas estas experiencias, Chris continúa luchando por lograr aquel empleo al finalizar los seis meses de prueba.

En una ocasión, al pasar un tiempo de recreación junto a su pequeño en una cancha de baloncesto, Chris, agobiado por todo lo que le toca vivir, responde negativamente cuando su pequeño Christopher le dice que algún día jugará profesionalmente al baloncesto. Notando el desánimo que su reacción ha causado en la vida del pequeño, que arroja la pelota fuera de la cancha, le dice mirándolo a los ojos:

«Nunca dejes que nadie te diga que no puedes hacer algo. Ni siquiera yo. Si tienes un sueño, debes protegerlo. Si alguien no puede hacer algo, te dirá que tú tampoco puedes. Si quieres algo, ve tras ello y punto».

De hecho, cada una de esas palabras se hacen realidad en la vida de Chris, ya que en los siguientes días, con la determinación de conseguir aquel ansiado empleo que le permita volver a tener un techo y un hogar para él y su hijo, trabaja incansablemente por lograr las metas impuestas en su trabajo: Todos deben competir con el fin de llegar a ser elegidos; el que reporte más dinero al final de los seis meses será contratado. Así que, todos intentan avanzar a un mejor puesto en la lista por conseguir clientes. El resto de los compañeros se queda trabajando hasta las siete, pero Chris, tiene que salir antes para recoger a Christopher de la guardería, lo que lo obliga a tener que hacer en seis horas lo que los demás hacen en nueve. Para no desperdiciar tiempo no cuelga entre llamada y llamada, y de esa manera gana algunos minutos al día, tampoco toma agua, por no perder tiempo en el baño, pero incluso haciendo esos malabares no logra avanzar mucho con la lista de clientes que tiene que contactar diariamente.

> **SI TIENES UN SUEÑO, DEBES PROTEGERLO. SI ALGUIEN NO PUEDE HACER ALGO, TE DIRÁ QUE TÚ TAMPOCO PUEDES.**

Las escenas se suceden con estos dos protagonistas que afrontan muchas adversidades en su búsqueda de hacer realidad el sueño de una vida mejor hasta que, finalmente, llega el día de la elección en el que, de los veinte postulantes solo se escogerá uno para el puesto.

El film culmina con una escena en la que Chris Gardner es elegido entre los demás para quedarse con la vacante. Ese solo es el principio de la historia de un hombre que, sin la menor posibilidad de salir adelante, desafió a su futuro y consiguió un empleo que, unos pocos años más adelante (en 1987), le permitiría fundar su propia empresa: *Inversiones Gardner Rich*.

En 2006 Chris Gardner vendió una participación minoritaria en su empresa a través de un contrato multimillonario.

Estas son secuencias de la genial película *En busca de la felicidad*, interpretada por Will Smith, como Chris Gardner y su hijo Jaden Christopher Syre Smith, en el papel de Christopher. Se basa en una historia de la vida real, la vida de Chris Gardner, que luchó como padre soltero para triunfar, desafiando un futuro que presagiaba oscuridad y desesperanza. Sin embargo, a través de la lucha y el arduo trabajo logró forjar una buena vida para él y su hijo, llegando mucho más allá de lo que había soñado contra todo pronóstico. Y este hombre, que persiguió la felicidad, ahora la está creando para otros.

Chris Gardner no se dejó arrastrar por las circunstancias que le tocó vivir, más bien las usó como trampolín para generar ocasiones que le permitieran salir adelante, y lo consiguió.

Tal como lo dijera alguna vez George Bernard Shaw:

«Las personas siempre le echan la culpa a las circunstancias. Yo no creo en las circunstancias. Las personas que salen adelante son las que buscan las circunstancias y si no las encuentran, las crean».

EL GRAN DESAFÍO

Hay cosas que no has podido elegir en tu vida, como el lugar en el que naciste, los padres que te engendraron, los hermanos que tienes, la educación que de niño recibiste, las experiencias que te tocaron de pequeño, y aquellos otros detalles que forman parte de tu historia.

En medio de eso, seguro se encuentran increíbles e inolvidables momentos de alegría, pero tal vez también haya entre aquellos recuerdos experiencias que marcaron tu vida para siempre.

Si en tu pasado hay vivencias que te han dañado, grietas familiares, la pérdida de algún ser querido, si provienes de un hogar en el que uno de tus padres ya no está, si te tocó crecer en un ambiente de escasez y necesidad, o gran parte de tu niñez y adolescencia fue marcada por la soledad y un sentimiento de abandono, o viviste experiencias de abuso cuando no podías defenderte ni buscar ayuda, es muy probable que esas situaciones pinten un futuro poco alentador para ti.

> **TAL VEZ NO PUEDAS HACER DEMASIADO CON RESPECTO A TU PASADO, PERO PUEDES HACER SUFICIENTE POR TU FUTURO.**

Todo parece indicar que formarás parte de las estadísticas de aquellos que se refugian en el mundo del alcohol, las drogas o una vida estándar. No se vislumbra una posibilidad certera de superación en los próximos años.

Pero déjame decirte que en la historia de la humanidad hay personas que nacen y crecen en las peores condiciones imaginables. En algunos casos en ambientes de pobreza y escasez, prácticamente sin ninguna posibilidad, sin la educación adecuada e inmersos en familias en bancarrota. Sin embargo, a pesar de todo, logran superarse, emprenden vuelo, salen adelante, y alcanzan sus sueños y el éxito en lo que se proponen.

En contrapartida, existen otras personas que desde su nacimiento lo tienen todo: familia, dinero, recursos, una educación ideal y un sinfín de oportunidades por delante, pero terminan viviendo sus vidas en medio del caos y el descontrol.

¿Qué es lo que marca la diferencia entre aquellos que parecen tener por delante un futuro lleno de desesperanza, pero logran superarse y vivir sus vidas con éxito, y los que, teniéndolo todo, se embarcan en un camino que los hunde en el fango de la perdición y la mediocridad?

Tal vez no puedas hacer demasiado con respecto a tu pasado, pero puedes hacer suficiente por tu futuro. Este libro es para aquellos que se animan a creer, a aprender, a crecer; para los que se atreven a superar los obstáculos, las críticas y pronósticos contrarios. Es para esos que se animan a lanzarse, a volar alto y a desafiar a su futuro. A través de inspiradoras historias, conmovedoras anécdotas, principios sólidos y estrategias eficaces, el libro te ayudará a tomar decisiones correctas que afecten cada una de las facetas de tu futuro, y te proporcionará un mapa de ruta sólido en el camino escabroso de enfrentar al mundo del mañana.

Cuando tu futuro te diga que te espera más de lo mismo y que terminarás peor de lo que empezaste en la vida, con tus actitudes, decisiones y acciones provocarás un cambio de pronóstico, desafiarás a lo que te espera, lucharás por tu vida, combatirás cada batalla que la vida pueda presentarte, y vivirás la increíble experiencia de ver hechos realidad tus sueños.

Ajústate el cinturón y prepárate para el enfrentamiento más importante de tu vida. El primer día del resto de tu vida empieza ahora. Lee con cuidado cada experiencia, medita en cada capítulo, pon en práctica cada principio y prepárate para ver un nuevo horizonte en el amanecer de tu futuro.

EL PRIMER DÍA DEL RESTO DE TU VIDA EMPIEZA AHORA.

Tu futuro te grita que no puedes superarlo... es hora de que empieces a vociferarle y hacerle ver que lo que hasta hoy has vivido solo es parte de tu pasado, ¡y que las cosas están cambiando hoy!

El futuro te pertenece, ¡manos a la obra!

¿CUESTIÓN DE ACTITUD?

Llegó sorpresivamente, así como llegan los milagros. Sus padres lo habían deseado por años, por lo que su nacimiento fue anunciado con bombos y platillos. Se avizoraba para el pequeño un futuro promisorio, asomaba un porvenir brillante en el horizonte de su vida.

Así como el sol empieza a bajar para dar paso a la oscuridad de la noche, las situaciones difíciles empezaron a sucederse en su vida, como consecuencia del favoritismo acentuado que su padre sentía hacia él, provocando celos e ira en sus hermanos mayores, que no perdían oportunidad para lanzarle fuertes críticas.

Este joven, de diecisiete años, llamado José se distinguía por su peculiar túnica de colores y por las visiones que solía tener cuando dormía. Toda su familia conocía sus sueños, puesto que él mismo se encargaba de que así fuese. Eso les causaba tanta molestia a sus hermanos que, despectivamente, lo apodaron «el Soñador».

SUS SUEÑOS ERAN NOBLES Y SIGNIFICATIVOS, POR LO QUE NO CABÍA DUDA DE QUE DIOS MISMO LE MOSTRABA SIMBÓLICAMENTE LO QUE IBA A OCURRIR MÁS ADELANTE.

La Biblia describe la mala relación de José con ellos de esta manera: «*Viendo sus hermanos que su padre amaba más a José que a ellos, comenzaron a odiarlo y ni siquiera lo saludaban*», Génesis 37:4. Otra versión dice que no podían hablarle pacíficamente.

Sus sueños eran nobles y significativos, por lo que no cabía duda de que Dios mismo le mostraba simbólicamente lo que iba a ocurrir más adelante. Eso no hizo más que acentuar la envidia y el odio que sentían sus hermanos hacia él.

Génesis 37:5 menciona que cierto día José tuvo un sueño que, como podemos imaginar, les contó apresuradamente a sus hermanos. Ellos no pudieron evitar que el odio que ya sentían hacia él aumentase.

¡Qué situación complicada se entretejía en la atmósfera familiar de la casa de Jacob! Con un drama de este calibre, si a ti te lo hubieran propuesto, seguramente no hubieses aceptado ser el protagonista de la historia. Tanto es así que la convivencia llegó al punto límite en que los hermanos de José decidieron arrojarlo a un pozo mientras definían su destino. La decisión a la que llegaron fue extrema: venderlo como esclavo a unos mercaderes errantes y confabularse para engañar a su padre.

Obligado a realizar un viaje de aproximadamente treinta días por el desierto, a pie y encadenado, llegó así a Egipto. De ese modo, los sueños, caprichos y comodidades se desvanecieron para José mientras contemplaba aquel escenario aterrador: el mercado de esclavos.

En aquel lugar fue vendido a un oficial del faraón, llamado Potifar. De esa manera el hijo consentido y privilegiado de Jacob, se convertía en el siervo y esclavo de gente extraña en una tierra muy lejana.

En ese punto de su vida, José no tenía nada. Se encontraba lejos de su hogar. Sin dinero. Sin amigos. Sin su padre que lo protegiera. Completamente solo. Sin mencionar que la pesadilla recién empezaba en su vida. A pesar de ello, mostró la mejor versión de sí mismo ante las personas con las que había comenzado a convivir y ante las situaciones que le sucedían.

Tal es así, que por su diligencia se destacó en su nuevo hogar, ganando la confianza de todos, en especial la de su amo. Sin embargo, cuando todo parecía marchar bien, las situaciones nuevamente se volvieron en su contra, como si el destino se hubiese ensañado con él. Fue entonces que se produjo uno de los episodios más dramáticos de su vida, cuando la esposa de Potifar lo acosó sexualmente. José huyó, motivado por el deseo de hacer lo correcto, pero aún así fue acusado falsamente y encarcelado sin posibilidad de defensa.

En una fría, oscura y húmeda celda, con roedores como testigos, se notaba desazón, desconcierto y frustración en el rostro de José. Grandes interrogantes, quejas, y hasta tal vez enojo, invadían su mente. ¡Y no era para menos, considerando los últimos acontecimientos que había tenido que enfrentar!

> **MOTIVADO POR EL DESEO DE HACER LO CORRECTO, PERO AÚN ASÍ FUE ACUSADO FALSAMENTE**

A pesar de lo tensa y abrumadora que resultaba la situación, la actitud de José fue como un pequeño rayo de luz en medio de la densa oscuridad. No se oyó ninguna palabra de enojo contra Dios, no empezó a maldecir ni a vociferar que era inocente, o que la vida fuera injusta con él. Quizá lo haya pensado. No lo sabemos. Lo cierto es que asumió una posición que para muchos resulta inexplicable.

Ahora bien, detente por un momento, medita en esta

escena y transpórtate al pasado. Si estuvieras en la celda de José, ¿cuál crees que sería el primer pensamiento que invadiría tu mente? ¿Qué sentimientos inundarían tu corazón? ¿Cuál sería tu actitud ante semejantes circunstancias? ¿Qué pensarías de Dios? ¿Y cuáles serían tus acciones?

Seguro que tu vida difiere totalmente en cuanto a sucesos, pero sin embargo puedes encontrar similitudes con esta historia en los momentos que marcaron tu vida, tales como el divorcio de tus padres, la muerte de un ser querido, una enfermedad terminal o el enojo y el estupor ante algún tipo de abuso contra tus emociones o tu cuerpo. Estas y otras situaciones te indujeron a un cambio en la manera de ver la vida. Conociste el dolor, la frustración, la incertidumbre, el enojo, la soledad y otros sentimientos que influyeron sobre ti a la hora de tomar decisiones, arrastrándote hacia un arsenal de equivocaciones y por ende, de desagradables consecuencias.

Al igual que tú, en muchos momentos de su vida, José fue desafiado a enfrentar el dolor. Aunque conocía bien esas circunstancias que no podía controlar, no permitía que ellas lo acorralasen al punto de neutralizar sus fuerzas y sus capacidades. Admirablemente, sacaba fuerzas de debilidad, recurría al perdón en medio del desprecio y la injusticia. Se aferraba a Dios como un niño se aferra a su padre ante el miedo.

Volvamos a José entre las sombras de la celda. Es allí donde se puede divisar la silueta de este esclavo y prisionero. ¿Qué esperanza podría tener de volver a ser libre? Además, ¿quién se acordaría de él? Su familia lo daba por muerto, y en Egipto no era más que un simple esclavo, para colmo acusado de traidor y desleal por su amo.

No obstante, José no se dejó ganar por el desaliento. Por el contrario, puso todo su esfuerzo y empeño en las tareas que se le asignaban. La Biblia narra que Dios estaba con él y que, además de otorgarle gracia ante el jefe de la cárcel, le había dado la capacidad de administrar la prisión y de dirigir a los presos. No es de extrañar que su buena actitud y predisposición fueran los rasgos distintivos de su carácter que inspiraron la confianza y el aprecio de los demás hacia su persona.

Sin pensarlo y sin buscarlo, el propósito de Dios para su vida empezó a tomar forma. Con el correr del tiempo, los sueños y los dones que Dios le había dado comenzaron a cobrar vida. De esclavo pasó a ser el administrador de todo Egipto, uno de los imperios más poderosos del planeta en aquel entonces, y también se convirtió en el hombre de mayor influencia luego del faraón.

> **AL IGUAL QUE TÚ, EN MUCHOS MOMENTOS DE SU VIDA, JOSÉ FUE DESAFIADO A ENFRENTAR EL DOLOR.**

¿Te imaginas cómo se sentiría José? De hecho, lo que vivió es inconcebible para cualquiera de nosotros. Sin embargo, lo llamativo de su historia es la valentía, la determinación y la confianza en Dios que se notaba en las actitudes que asumía en todo momento. Definitivamente, su actitud lo impulsó a convertirse en la persona que llegó a ser. Sin lugar a dudas, fue la llave que le abrió las puertas al futuro. Esto me recuerda las palabras del Dr. Myles Munroe haciendo referencia al poder de la actitud:

«No hay nada tan poderoso como la actitud. La actitud dicta su responsabilidad en el presente y determina la calidad de su futuro. La actitud le crea su mundo y designa su destino». Sigue diciendo que la actitud es la más poderosa distinción de la vida, más que la belleza, el poder, el título o la clase social. Es más importante que la riqueza y puede mantenerlo pobre. Es el siervo que puede abrir las puertas de la vida o cerrar los portones de la posibilidad. Puede cambiar lo feo en bonito y la sencillez en algo atractivo. El factor distinguible entre un ganador y un perdedor es la actitud.

La seguridad que debemos tener es que Dios sigue ejerciendo el control aun cuando no entendamos los tiempos que vivimos en cada etapa de nuestras vidas. Por eso, enfoquémonos en nuestros sueños y trabajemos por verlos realizados. No nos detengamos a considerar nuestra realidad actual ni ante las voces de alrededor que nos gritan diciéndonos que no lo lograremos porque las circunstancias aparentemente no lo permiten.

Recuerda lo que Dios nos dice en Jeremías 29:11: «Pues yo sé los planes que tengo para ustedes -dice el SEÑOR-. Son planes para lo bueno y no para lo malo, para darles un futuro y una esperanza» (NTV).

Tu actitud te abre o te cierra las puertas del futuro.

En algunas modalidades deportivas como el fútbol de campo, existe una táctica que muchos entrenadores aplican para sacar ventajas en el juego, y la aplican desde el primer minuto del partido. Es una táctica que normalmente emplean aquellos equipos que salen al campo de juego a ganar, a diferencia de los que planifican y juegan de un modo defensivo. Estos primeros se preparan y arman su estrategia teniendo su meta en claro: ganar. No solo en ver cómo hacer para resistir y no perder. Parece solo un juego de palabras, pero hay una gran diferencia entre una cosa y la otra, y la gran diferencia es la actitud.

Esos entrenadores trabajan para que, cuando suene el pitazo inicial, los jugadores salgan, impongan su juego y le metan presión al rival desde el primer minuto.

ALGUIEN DIJO ALGUNA VEZ QUE LA MEJOR DEFENSA ES UN BUEN ATAQUE.

Alguien dijo alguna vez que la mejor defensa es un buen ataque. Es entrar a presionar al adversario en su propio campo, no darle espacios, sacarle la pelota, no dejarlo pensar, y cuando ataca, jugar al anticipo y recuperar rápido el balón, para salir nuevamente con la mayor rapidez y precisión al ataque. Estas son solo algunas cualidades de la estrategia.

Sin lugar a dudas no deja de ser una táctica de fútbol, pero qué bien nos vendría encarar el partido de nuestras vidas con esa actitud. Preparar nuestra estrategia de antemano, anticiparnos al futuro, entrenar para mantener el equilibrio ante cualquier situación que demande una rápida reacción. Eso fue lo que hizo que este joven que luego se convertiría en un verdadero héroe...

En un abrir y cerrar de ojos ocurrió todo. Pasó demasiado rápido como para que pareciera verdad, pero la realidad era que estaba sucediendo. Fue como cuando tenemos una pesadilla y queremos despertar, pero no podemos. De un segundo a otro Daniel había sido arrancado de su tierra.

La noche anterior se había ido a dormir como uno de los jóvenes más brillantes de su pueblo. A su corta edad era todo un príncipe con un futuro prometedor; pero de un momento a otro ese príncipe se encontraba en una fila, saliendo de su ciudad como prisionero de guerra junto con otros jóvenes.

Sin despedirse de su familia, amigos, vecinos y de su amada tierra, se encontraba entrando a Babilonia, lugar en el que tendría que aprender a sobrevivir, lejos de todo lo que amaba y aún mucho más lejos de sus sueños de juventud. Y todo por la ambición y egocentrismo de un hombre llamado Nabucodonosor, rey que quería que su imperio siguiera creciendo a cualquier precio. Los detalles los puedes leer en Daniel capítulo uno.

La historia no termina allí, en realidad, recién estaba empezando todo. Apenas llegados a Babilonia, Daniel y sus amigos fueron examinados en profundidad en lo referido a su apariencia, conocimientos y dones, para luego acceder al programa de entrenamiento que los haría parte del equipo de consejeros del rey.

Además de eso, el rey Nabucodonosor les cambió los nombres porque quería hacerlos babilonios ante sus ojos y los del pueblo, y les ordenó estudiar materias que los sumergieran en la cultura babilónica. El rey estaba dispuesto a que esos muchachos hicieran todo lo necesario para ser más útiles en su reino.

¿Puedes ponerte por un momento en el lugar de Daniel? ¿Qué interrogantes vendrían a tu mente? El rey no solo le había quitado todo de la noche a la mañana, sino que aparentemente no se detendría hasta cambiarle totalmente la identidad a Daniel, y borrar de su mente y corazón todo lo que tuviera que ver con sus raíces. Nabucodonosor, nada más y nada menos, intentaba formatear el cerebro de Daniel.

¿Qué pensarías si alguien intentara hacer eso contigo? Si una persona no solo te sacara todo lo que amas, haciendo sufrir a tu familia y a los tuyos, sino que estuviera empeñado en que los olvidaras para siempre y te sometieras a esa nueva realidad. De hecho, todo lo que amas no existe para ese rey.

NABUCODONOSOR, NADA MÁS Y NADA MENOS, INTENTABA FORMATEAR EL CEREBRO DE DANIEL

Podríamos pensar que Daniel estaba esperando el momento de ver caer a aquel rey y a su imperio, o que soñaría con la destrucción total de Babilonia y de Nabucodonosor. Creo que es lo que cualquiera de nosotros hubiéramos esperado.

Los interrogantes empiezan a aflorar ante una historia como ésta: ¿Cómo hizo Daniel para superar lo que estaba viviendo? ¿Cómo sobrevivió a semejante golpe de la vida? ¿Cómo encontró a Dios en medio del caos emocional? Y, yendo al final de su historia, nos preguntamos: ¿Qué tenía Daniel para que Dios pudiera usar su vida?

En realidad tenía muchas cualidades increíbles por las

que se destacó, ubicándose como el hombre de mayor influencia en cuatro reinados, durante sus más de setenta años de vida. Pero una de las que quisiera resaltar es la que se encuentra en la siguiente cita:

«*Daniel, conocido también como Beltsasar, se quedó desconcertado por algún tiempo y aterrorizado por sus propios pensamientos; por eso el rey le dijo:*
—*Beltsasar, no te dejes alarmar por este sueño y su significado.*
A esto Daniel respondió:
—*¡Ojalá que el sueño y su significado tengan que ver con los acérrimos enemigos de Su Majestad!*» (Daniel 4:19).

La pregunta es: ¿Cómo podía Daniel estar tan angustiado por el destino del hombre que le había sacado todo? ¿Por qué Daniel reaccionó con profunda tristeza y consternación ante lo que le sucedería al hombre que lo había alejado de su familia y había destruido su nación?

La respuesta es sencilla pero contundente: Daniel lo había perdonado. Daniel había encontrado a Dios en medio del dolor. Había entendido que de nada servía tener una actitud de venganza, sino que más bien debía confiar en que Dios era capaz de cambiar en bendición todo lo que fuera para destrucción.

Daniel se había anticipado al futuro, asumiendo de antemano una actitud de perdonar lo que fuera, ¡antes de que las cosas se complicaran más!
En una jugada magistral de esas que definen y marcan el rumbo de un partido, Daniel jugó al anticipo, tal como lo registra el libro que lleva su nombre, y asumió la siguiente postura:

Pero Daniel se propuso no contaminarse (Daniel 1:8). Lo puso en práctica de un modo cabal. Por eso Dios pudo usar y bendecir de esa manera tan extraordinaria a Daniel.

Cuando alguien nos falla o nos hace daño, nos cuesta una enormidad perdonar y olvidar.

Casi inconscientemente esperamos el momento en que esa persona tropiece o tenga alguna falta, para alegrarnos en su desgracia. Si algo así ocurriera, podríamos pensar que se ha hecho justicia, o que recibió su merecido. Pero con Daniel no fue así. Ojalá podamos aprender de la increíble actitud de este muchacho que tuvo la valentía de perdonar, pasar por alto la ofensa y desear el bien al ofensor.

> **CUANDO ALGUIEN NOS FALLA O NOS HACE DAÑO, NOS CUESTA UNA ENORMIDAD PERDONAR Y OLVIDAR**

Podrías considerar el perdonar al que te hizo daño, pero nunca olvidar el perjuicio que te han hecho. Daniel había entendido que asumir una actitud de perdonar ante los golpes de la vida iba más allá de olvidar o no. Había comprendido lo siguiente: *Perdonar no solo tiene que ver con olvidar las ofensas, sino más bien tiene que ver con que, aunque recuerde lo ocurrido, eso no me mantenga en un estado de dolor y depresión.*

Se relaciona con entender que perdonar tiene que ver con poner al ofensor en el mismo lugar que ocupaba en tu vida antes de ofenderte. Tiene que ver con superar los embates que has recibido, ya sea de gente allegada a ti o de extraños. Es asumir una actitud de que nada de eso empañará tus deseos de superación y de no permitir que los golpes te dejen a mitad de camino. Es guardar tu corazón y buscar la manera de salir adelante a pesar de lo doloroso que resulte el proceso. Perdonar tiene que ver con seguir luchando por lo que quieres, valorar lo que tienes, olvidar y dejar de lado lo que te ha causado dolor, y disfrutar de la vida con aquellos que te aman.

Perdonar es saber que, así como Daniel, puedes encontrar a Dios en medio del dolor y cambiar lo que era para destrucción en madurez y fortaleza:

Si lo logras es muy probable que Dios haga cosas extraordinarias a través de tu vida no solo en tu futuro, sino que también en el de los que te rodean.

ACTITUD | Apunta a la luna

«Un arquero quiso cazar la luna. Noche tras noche, sin descansar, lanzó sus flechas hacia el astro. Los vecinos comenzaron a burlarse de él. Inmutable, siguió lanzando sus flechas. Nunca cazó la luna, pero se convirtió en el mejor arquero del mundo».
Alejandro Jodorowsky

Hay un dicho muy popular, lleno de buenas intenciones, que todos hoy en día repetimos como una expresión de deseos hacia los demás, y es aquel que dice: «Lo mejor está por venir». Yo estoy totalmente de acuerdo con eso. No obstante, me he encontrado con gente que casi tiene por lema este eslogan, y vive su vida diciendo y esperando aquello mejor que está por venir sin hacer absolutamente nada por lograrlo.

En realidad, creo firmemente que lo mejor está por delante. Pero ir por lo mejor demanda que nos proyectemos, que soñemos y sobre todo que entremos en acción para alcanzar lo mejor en nuestras vidas. Lo tengo como lema de mi vida, y entiendo que Dios me desafía, así como lo hizo con Daniel, a ser diez veces mejor en todo. A vivir en un mejoramiento continuo de todo lo que emprenda, por Dios y por la gente que me rodea.

IR POR LO MEJOR DEMANDA QUE NOS PROYECTEMOS, QUE SOÑEMOS Y SOBRE TODO QUE ENTREMOS EN ACCIÓN PARA ALCANZAR LO MEJOR EN NUESTRAS VIDAS.

No es que busque ser mejor que otros líderes ni que me ponga a competir con otros, la competencia es conmigo mismo. Se trata de buscar un constante progreso en todo lo que encaro, convertirme en el mejor Paolo Lacota que mi potencial me permita, desarrollándolo al máximo.

Como lo define el licenciado Bernardo Stamateas: *«Cuando la gente te mira, lo que ve es tu exterior, pero dentro de ti está el potencial ilimitado que necesitas para alcanzar tus sueños. Potencial es la habilidad dormida, esa fuerza que todavía no te animaste a sacar pero que te pertenece. Potencial es poder en reserva. Potencial es tu verdadero yo, un poder esperando salir y crecer. Potencial no es lo que ya lograste, sino lo que aún no hiciste».*

Eso va mucho más allá que una simple expresión de deseo, realmente significa apuntar bien alto y levantar nuestro estándar de vida de acuerdo con lo que soñamos y decimos.

Lo que, a su vez, requiere mantener una visión aguda de lo que Dios nos llamó a hacer.

Implica diligencia, dedicación, disciplina, constante renuncia y un estilo de vida de aprendizaje permanente en el que continuamente nos instruimos a partir de lo que hemos hecho bien pero podríamos haber hecho mejor, en el que evaluamos con buena autocrítica los errores que cometemos en nuestro andar y buscamos las probables soluciones para ir mejorando y aprendiendo de las equivocaciones, de modo que nos superemos.

Recuerdo las palabras del genial basquetbolista Michael Jordan, que decía:

«Juego para ganar, durante las prácticas o en un juego real, y no voy a dejar nada en el camino de mí o mi entusiasmo para ganar... No estoy sudando durante tres horas todos los días solo para saber qué es lo que se siente sudar. Si aceptas las expectativas de los demás, especialmente las negativas, entonces nunca cambiarás el resultado... Algunas personas quieren que algo ocurra, otras sueñan con que pasará, otras hacen que suceda».

Si eres parte de aquellos que tienen en claro cuál es su propósito en la vida y a lo que quieren llegar no vas a sentarte a esperar que lo mejor llegue algún día, sino que con mucho entusiasmo y dedicación lo vas a buscar cada día de tu vida con todas tus fuerzas. Intentarás hallar oportunidades, te rodearás de amigos, conexiones y todo lo que te ayude e inspire a llegar a lo que te has propuesto.

QUE TU MOTIVACIÓN MAYOR SEA LA DE BENDECIR A OTROS CON LO QUE EMPRENDAS.

Alguien podría pensar que esto suena muy ambicioso, y que no tiene sentido buscar destacarse en algo o vivir con un estándar de vida así, pero déjame decirte que es muy bueno y saludable para tu vida y para los que te rodean que seas una persona con expectativas enormes con respecto al futuro. Claro que puedes soñar en grande y visualizar un futuro brillante, siempre y cuando lo hagas con los pies en la tierra e incluyendo el ayudar a otros y hacer un aporte al crecimiento de los que te rodean a través de tus logros. Cuando se trata de las cosas de Dios, con más razón, que tu motivación mayor sea la de bendecir a otros con lo que emprendas.

Aquellos que a través de la historia han alcanzado sus sueños, haciéndolos realidad, se han lanzado a conquistarlos con una cualidad inalterable en común: el entusiasmo (que significa ni más ni menos que Dios-adentro).

Es imposible alcanzar logros importantes sin entusiasmo.

Cuando asumimos una actitud de entusiasmo frente a los desafíos que tenemos por delante, incorporamos la fortaleza para superar nuestros miedos, el temor a ser rechazados, a quedar como tontos, al que dirán, y desarrollamos la capacidad de enfrentar nuestros temores sin rodeos, de superarlos y abrirnos camino a una vida libre, saludable y sin complejos.

Es por eso que nuestra forma de pensar resulta fundamental. Lo que piensas de ti mismo y la manera en que reaccionas ante lo que te toca vivir es determinante para visualizar aquello a lo que quieres llegar.
Como lo dijo el sabio Salomón, eres lo que piensas: *«Porque cual es su pensamiento en su corazón, tal es él»* (Proverbios 23:7 RVR 1960).

El Dr. Lucas Leys lo plantea en estas palabras: «Aquello que creemos de nosotros mismos, determina nuestras acciones más que cualquier otra cosa». Y Robert Allen señala que: «El futuro que tú ves es el futuro que obtienes».

El Dr. Gregg Steinberg afirma que las imágenes mentales pueden crear nuestra realidad, y que existe una conexión literal y física entre nuestros pensamientos y nuestras acciones. Continúa diciendo, por ejemplo, que si estás en la línea de tiro libre e imaginas que vas a fallar el tiro, te sientes ansioso y eso hace que tus músculos se tensen y tus movimientos sean más rígidos. Como resultado, estarás más propenso a fallar. Si te imaginas encestando la bola, te sientes calmado, y eso provoca que tus músculos se relajen y tus movimientos tengan mayor coordinación. Como resultado, es muy probable que introduzcas la pelota en el aro. Nuestras imágenes se vuelven autorrealizables.

Visualizar el éxito aumenta nuestra habilidad para desempeñarnos mejor bajo presión y salir airosos. Si eres músico, tienes que imaginarte tocando en los principales lugares de tu medio. Si eres un deportista debes verte en los primeros puestos mientras entrenas para llegar ahí, y te aseguro que pronto lo lograrás. Si eres diseñador o artista debes visualizar la imagen con todos sus detalles en el lienzo aún en blanco.

VISUALIZAR EL ÉXITO AUMENTA NUESTRA HABILIDAD PARA DESEMPEÑARNOS MEJOR BAJO PRESIÓN Y SALIR AIROSOS

Todos los que algunas vez lograron algo, sean artistas, deportistas, músicos o empresarios, afirman haber imaginado su éxito antes de lograrlo; incluso en muchos casos nadie les enseñó cómo realizarlo, lo llevaron a cabo intuitivamente.

Aquellos que han alcanzado lo que visualizaron no se quedaron solo con una imagen mental de lo que algún día podrían llegar a ser, sino que lo bajaron a tierra y empezaron a trabajar en ello. Es muy bueno que, como un primer paso, te animes a soñar y apuntes lejos, pero lo siguiente es dar el segundo paso, que tiene que ver con definir concretamente en qué te vas a especializar y empezar a prepararte en ello, y para esto no trates de hacerlo todo, enfócate en perfeccionar aquello que mejor haces.

El Dr. Lucas Leys dice en el libro *Asuntos internos* que escribió junto a Dante Gebel, que es indispensable tener un foco definido de lo que queremos lograr. Sin eso es como decir: «Quiero ser un buen médico» sin decidirse por una especialidad; es como asegurar: «Quiero ser un buen futbolista» sin saber si tengo talento para jugar de defensor, en el mediocampo o como delantero. Resulta vital definir el destino específico al que queremos llegar, de otro modo andaremos como de paseo, a la deriva, en la rotonda. Luchando contra molinos de viento y tarde o temprano otros lo van a notar.

Tenemos que enfocar nuestro tiempo, dedicación, atención y fuerzas en aquello que nos apasiona, siempre pasándolo por el filtro del propósito de Dios para nuestra vida.

Sueña en grande, apunta lejos, pero especialízate en algo concreto; y prepárate de acuerdo con tus pretensiones para que realmente sean sueños y no solo ilusiones.

HAMBRIENTO Y ALOCADO

Steve Jobs es uno de los dos grandes genios que prácticamente fundaron la industria informática, y comparte el pedestal con Bill Gates. Ambos empresarios de la computación son ejemplo de personas de éxito a las que no les fue bien en una experiencia educativa tradicional. Aunque dejaron la universidad, de alguna manera asumieron una actitud que los llevó a estar convencidos de que tenían ideas valiosas que desarrollar. Descubrieron su propósito y reaccionaron con la actitud correcta ante las circunstancias cuando ellas se mostraban esquivas a sus objetivos. Creyeron en sus ideas, se esforzaron, desarrollaron las habilidades necesarias para alcanzar sus metas e inspiraron a otras personas, que también creyeron en ellos.

Steve Jobs fue el inventor de las primeras computadoras personales, creador de *Apple* y de la revolucionaria *Macintosh*. Cuando pensamos en lo que podía haber sido su vida y sobre los logros que alcanzó, nos damos cuenta de que el destino en todos los ámbitos de nuestras vidas está en saber mantener la fe en los momentos difíciles, no desistir, y hacer lo que esté a nuestro alcance por alcanzar las metas trazadas, aun cuando el sendero por el que transitemos se torne más oscuro.

> **DESCUBRIERON SU PROPÓSITO Y REACCIONARON CON LA ACTITUD CORRECTA ANTE LAS CIRCUNSTANCIAS CUANDO ELLAS SE MOSTRABAN ESQUIVAS A SUS OBJETIVOS.**

Para conocer mejor su historia nada mejor que remitirnos a sus propias palabras en un breve resumen del discurso que brindó cuando fue invitado como orador en 2005 a la ceremonia de graduación de la Universidad de Stanford:

Hoy quiero contarles tres historias de mi vida; no es gran cosa, solo tres historias.

La primera se trata de conectar los puntos.

Mi madre biológica era joven, soltera, y decidió darme en adopción. Todo estaba arreglado para que apenas naciera fuera adoptado por un abogado y su esposa; pero cuando nací, ellos decidieron a último momento que deseaban una niña. De ese modo, mis padres, que estaban en lista de espera, recibieron una llamada en medio de la noche preguntándoles: «Tenemos un niño no deseado; ¿lo quieren?». Ellos respondieron: «¡Por supuesto!»

A los diecisiete años fui a la universidad. Sin embargo, ingenuamente elegí una universidad cara y todos los ahorros de mis padres de clase obrera se gastaron en mi matrícula. Después de seis meses no tenía idea de lo que quería hacer con mi vida, pero tampoco de cómo la universidad me ayudaría a deducirlo.

Así que decidí retirarme y confiar en que todo iba a resultar bien. Fue aterrador en ese momento, pero mirando hacia atrás fue una de las mejores decisiones que tomé. Apenas me retiré, pude dejar de asistir a las clases obligatorias que no me interesaban y comencé a ir irregularmente a las que creía interesantes. Dormía en el piso de los dormitorios de mis amigos y llevaba botellas de gaseosa a los depósitos por cinco centavos para comprar comida.

La mayor parte de las cosas con las que tropecé

siguiendo mi curiosidad e intuición resultaron ser inestimables posteriormente. Decidí tomar una clase de caligrafía, ya que en ese tiempo de Reed Collage ofrecía quizás la mejor instrucción en esa materia. Así aprendí de los tipos serif y san serif, y de la variación de espacio entre las distintas combinaciones de letras, entre otras cosas.

Lo encontré fascinante, aunque nada de esto tenía una esperanza de aplicación práctica en mi vida. No obstante, diez años después, cuando estaba diseñando mi primera computadora Macintosh, todo tuvo sentido para mí. La Mac fue la primera computadora con una bella tipografía. Si nunca hubiera asistido a ese curso, la Mac no habría tenido tipos múltiples o fuentes proporcionalmente espaciadas. Además, puesto que Windows solo copió a Mac, es probable que ninguna computadora personal los tuviera. Si nunca hubiese abandonado la carrera, no habría asistido a la clase de caligrafía, y las computadoras personales no tendrían la maravillosa tipografía que poseen hoy.

> **NO SE PUEDEN CONECTAR LOS PUNTOS MIRANDO PARA ADELANTE, SOLAMENTE PUEDEN CONECTARSE MIRANDO HACIA ATRÁS.**

Por supuesto, era imposible conectar los puntos mirando hacia el futuro cuando estaba en la universidad. Sin embargo, todo resultó muy claro mirando hacia el pasado diez años después. No se pueden conectar los puntos mirando para adelante, solamente pueden conectarse mirando hacia atrás. Por lo tanto, tienen que confiar en que los puntos de alguna manera se conectarán en su futuro.

La segunda historia es sobre amor y pérdida.

Con Steve Wozniak comenzamos Apple en el garaje de mis padres cuando teníamos veinte años. Trabajamos duro y en diez años Apple había crecido a partir de nosotros dos en un garaje, hasta transformarse en una compañía de dos mil millones de dólares con más de cuatro mil empleados.

Recién habíamos presentado nuestra más grandiosa creación -la Macintosh- un año antes, y luego me despidieron. ¿Cómo es posible que te despidan de una compañía que comenzaste tú? Debido al crecimiento de Apple contratamos a alguien que pensé que sería muy talentoso para dirigir la empresa conmigo. Los primeros años las cosas marcharon bien, pero nuestras visiones del futuro empezaron a desviarse y finalmente tuvimos un tropiezo. Cuando ocurrió, el directorio lo respaldó a él, de modo que a los treinta años yo estaba afuera.

Había desaparecido aquello que había sido el centro de toda mi vida adulta, fue devastador. Constituyó un absoluto fracaso público. No obstante, lentamente comencé a entender algo: Yo todavía amaba lo que hacía. Había sido rechazado, pero seguía enamorado. Y así decidí comenzar algo nuevo.
En ese entonces no lo comprendí, pero haber sido despedido de Apple fue lo mejor que podría haberme pasado. La carga de ser exitoso fue remplazada por la ligereza de ser un principiante otra vez, menos seguro de todo. Eso me liberó para entrar

a una de las etapas más creativas de mi vida. Durante los siguientes cinco años comencé una compañía llamada NeXT, otra llamada Pixar, y me enamoré de una asombrosa mujer que se convirtió en mi esposa. Pixar continuó y creó la primera película animada por computadora del mundo, ToyStory, y ahora es el estudio de animación más exitoso a nivel mundial.

En un notable giro de los hechos, Apple compró NeXT, y regresé a Apple y la tecnología que desarrollamos en NeXT constituye el corazón del actual renacimiento de Apple. Además, con Laurene tenemos una maravillosa familia. Estoy seguro de que nada de esto habría sucedido si no me hubiesen despedido de Apple. Fue una amarga medicina, pero creo que el paciente la necesitaba. En ocasiones la vida te golpea con un ladrillo en la cabeza, pero nunca hay que perder la fe.

> **EN OCASIONES LA VIDA TE GOLPEA CON UN LADRILLO EN LA CABEZA, PERO NUNCA HAY QUE PERDER LA FE.**

La tercera historia es sobre la muerte.

Todas las mañanas me miro al espejo y me pregunto: «Si hoy fuera el último día de mi vida, ¿querría hacer lo que estoy a punto de hacer?». Y cada vez que la respuesta ha sido «No» por varios días seguidos sé que necesito cambiar algo.

Recordar que moriré pronto constituye la herramienta más importante que he encontrado para ayudarme a realizar las grandes elecciones de mi vida. Porque casi todo, todas las expectativas externas, todo el orgullo, todo el temor a la vergüenza o al fracaso, todo desaparece a las puertas de la muerte, quedando solamente aquello que es realmente importante. Recordar que van a morir es la mejor manera que conozco para evitar la trampa de pensar que tienen algo que perder.

Casi un año atrás me diagnosticaron cáncer. Me hicieron un scanner y claramente mostraba un tumor en el páncreas. Era probable que fuera un tipo de cáncer incurable y que mis expectativas de vida no superaran los seis meses. Mi doctor me aconsejó irme a casa y arreglar mis asuntos, que es el código médico para prepararte para la muerte. Significa intentar decirles a tus hijos en unos pocos meses todo lo que pensabas decirles en los próximos diez años. Significa despedirte.

Viví con ese diagnóstico todo el día. Al atardecer me hicieron una biopsia, pincharon con una aguja mi páncreas y extrajeron unas pocas células del tumor. Cuando examinaron las células en el microscopio descubrieron que era una forma muy rara de cáncer pancreático, curable con cirugía. Me operaron y ahora estoy bien.

Al haber vivido esa experiencia puedo hablar con un poco más de certeza que cuando la muerte solo es un concepto útil, pero puramente intelectual. Nadie quiere morir. Incluso la gente que desea ir al cielo, no quiere morir para llegar allá.

La muerte es el destino que todos compartimos. Nadie ha escapado de ella. Y así debe ser, porque es el agente de cambio de la vida. Elimina lo viejo para dejar paso a lo nuevo. Ahora mismo, lo nuevo son ustedes, pero su tiempo tiene límite, así que no lo pierdan viviendo la vida de otra persona. No se dejen atrapar por dogmas, es decir, vivir con los resultados del pensamiento de otras personas. No permitan que el ruido de las opiniones ajenas silencie su propia voz interior. O más importante todavía, tengan el valor de seguir su corazón e intuición, si de alguna manera ya saben lo que realmente quieren llegar a ser. Todo lo demás es secundario.

Cuando era joven, había una asombrosa publicación llamada The Whole Earth Catalog, que era una de las biblias de mi generación. A mediados de los setenta yo tenía la edad de ustedes. Y recuerdo que en la tapa trasera de su última edición había una fotografía de una carretera en el campo temprano a la mañana, la clase de carretera en la que podrías encontrarte haciendo dedo, como lo hacen los aventureros. Debajo de la foto decía: «Stay hungry. Stay foolish»[Permanezcan hambrientos, permanezcan alocados]. Fue el mensaje de despedida de esa célebre publicación. Siempre he deseado eso para mí. Y ahora, cuando se gradúan para empezar de nuevo, es lo que deseo para ustedes:

«Permanezcan hambrientos, permanezcan alocados».

Las palabras de Steve Jobs hoy más que nunca cobran valor luego de su partida de este mundo. En otro de

> **NADIE QUIERE MORIR. INCLUSO LA GENTE QUE DESEA IR AL CIELO, NO QUIERE MORIR PARA LLEGAR ALLÁ.**

sus discursos había dicho: «Tengo siempre los ojos bien abiertos a cualquier oportunidad importante. No sé cuál va a ser la próxima oportunidad, pero no me faltan ideas».

Creo firmemente que gran parte del éxito en la vida es vivir expectante de lo que vendrá y de las oportunidades que se pueden presentar. Lamentablemente, tenemos una tendencia a comparar nuestra situación con las oportunidades que a otros se les presentan. Eso no solo nos desenfoca y nos roba la energía para afrontar nuestras propias oportunidades, sino que también genera falsas expectativas, constantes frustraciones y amargura innecesaria.

De ahí que resulta imperativo que aprendamos el arte de mantenernos creciendo, aprendiendo y expectantes a lo largo de toda nuestra vida.

La expectativa es una cualidad que no puedes perder. La expectativa tiene que estar presente en tus buenos momentos y hacerte más fuerte en los momentos adversos.

¿Qué expectativas tienes con respecto a la vida? ¿Qué esperas de tus estudios? ¿Cuáles son las expectativas que tienes para tu trabajo? Y con respecto a Dios, ¿qué esperas de él en este tiempo?

Mucha gente tiene temor de crearse grandes expectativas para el futuro porque lo hace con los lentes de su situación actual, o por lo que otros puedan decir. Sin embargo, lo único que puede sacarte de tu situación actual es tener la expectativa de que vendrán tiempos mejores e ir por ellos.
No puedes prestar tus oídos y tu atención a las voces que dicen que la vida está cada vez más difícil y que tus

esperanzas tarde o temprano se esfumarán. De hecho, aquellos que han hecho historia con grandes proezas lograron mantener sus expectativas intactas aún en medio de los tiempos difíciles que les tocó vivir.

Henry Ford lo puso en estas palabras: «Si hubiera preguntado a mis clientes lo que querían, me habrían dicho: "Un caballo más rápido"».

Gracias a Dios, el Señor Ford no se guiaba por lo que la gente decía o por las expectativas de los demás. Él siempre tenía altas expectativas en cuanto a lo que quería hacer y al porvenir. Y así creó el fabuloso automóvil modelo T de Ford.

Me parecen acertadísimas las palabras del Dr. Cash Luna cuando dice: «La mejor manera de dejar de vivir una pesadilla en tu vida es con un buen sueño».

LA EXPECTATIVA TIENE QUE ESTAR PRESENTE EN TUS BUENOS MOMENTOS Y HACERTE MÁS FUERTE EN LOS MOMENTOS ADVERSOS.

Cuando las cosas no salen como esperamos, nuestras expectativas correctas acerca del futuro nos pueden ayudar a pasar el mal momento. Por otro lado, cuando todo nos vaya bien, incluso mejor de lo que esperábamos, nuestras crecientes expectativas nos incomodarán aún en el éxito, mostrándonos que aún hay mucho por hacer, mucho por aprender y que cada día podemos renovarnos.

Cuando tienes grandes expectativas de la vida y quieres darles forma es cuando empiezas a poner en orden tus prioridades, cuando comienzas a enfocarte en aquellas cosas que realmente son importantes en tu vida, y ves el futuro con otros ojos.

Esta historia grafica muy bien el concepto:

Un asesor de empresas, experto en gestión del tiempo, quiso sorprender a los asistentes a su conferencia. Sacó de debajo del escritorio un frasco grande de boca ancha. Lo colocó sobre la mesa junto a una bandeja con piedras del tamaño de un puño y preguntó:

– ¿Cuántas piedras piensan que caben en el frasco?

Después de que los asistentes hicieron sus conjeturas, empezó a meter las piedras hasta que llenó el recipiente, luego preguntó:

– ¿Está lleno? – Todos lo miraron y asintieron.

Entonces sacó de debajo de la mesa un cubo con gravilla, metió parte de la gravilla en el frasco y lo agitó. Las piedrecillas penetraron por los espacios que dejaban las piedras grandes. El experto sonrió con ironía y repitió:

– ¿Ahora está lleno? – Esta vez todos los asistentes dudaron:
– Tal vez no. ¡Bien!

Y puso en la mesa un cubo con arena y comenzó a volcarla en el frasco.
La arena se filtraba en los pequeños recovecos que dejaban las piedras y la grava.

– ¿Quizás ahora sí esté lleno?– inquirió de nuevo.

– ¡No! - Exclamaron los asistentes.

– Bien – dijo y colocó sobre la mesa una jarra de agua que comenzó a verter en el frasco.

El frasco aún no rebozaba.

– Bueno, ¿qué hemos demostrado? – Preguntó.

Un alumno respondió:

– Que no importa lo llena que esté tu agenda, si lo intentas, siempre puedes hacer que quepan más cosas.

– ¡No! – Concluyó el experto – lo que esta lección nos enseña es que para administrar el tiempo es necesario priorizar. Si no colocas las piedras grandes primero, nunca podrás colocarlas después.

– ¿Cuáles son las grandes piedras de tu vida? ¿Tus hijos?, ¿tus amigos?, ¿tu salud?, ¿la persona amada? Recuerda ponerlas primero. El resto encontrará su lugar.

¿Viviremos situaciones difíciles y adversas? Dalo por hecho. ¿Otros tendrán mejores oportunidades? Es muy probable que sí.
Pero como dice el sabio rey Salomón: «Me volví y vi debajo del sol, que ni es de los ligeros la carrera, ni la guerra de los fuertes, ni aun de los sabios el pan, ni de los prudentes las riquezas, ni de los elocuentes el favor; sino que tiempo y ocasión acontecen a todos» (Eclesiastés 9:11, RVR 1960).

El sabio rey nos confronta en este versículo con una realidad de la vida: La incertidumbre del porvenir. ¿Cómo reacciona el hombre con respecto a su futuro, a su mañana? Lo hace poniendo su confianza en sus capacidades humanas, en sus conocimientos y en sus logros personales. No obstante, el sabio rey afirma que no siempre la fuerza, la valentía, la sabiduría, la elocuencia o la prudencia nos llevarán al fin que esperamos.

Entonces, ante la incertidumbre del futuro, el confiar en nuestros logros, capacidades o conocimientos no nos garantiza absolutamente nada; lo único que puede aportarnos seguridad es depositar nuestra confianza en Dios. Él es nuestro Padre amoroso que tiene un plan para nosotros, y en medio de cualquier circunstancia nos invita a confiar en él porque él es el dueño del oro y de la plata, y los tiempos y circunstancias están en sus manos. Nuestras expectativas de vida tienen que estar ancladas en la verdad de Dios. Nuestro Padre amado, nos dice: «No temas porque yo estoy contigo; no desmayes, porque yo soy tu Dios que te esfuerzo; siempre te ayudaré, siempre te sustentaré con la diestra de mi justicia» (Isaías 41:10, RVR 1960).

Así que deja de pensar en las oportunidades que tienen otros, pues eso no te conducirá a nada bueno y enfócate en aprovechar las que se te presenten a ti. Pon toda tu confianza en Dios, él tiene el control de todas las cosas. Esto te librará de dolores de cabeza, constantes frustraciones y te permitirá seguir avanzando en los planes de Dios para tu vida.

Así que, más allá de lo que estés viviendo hoy, «permanece hambriento, y permanece alocado».

BANG!

ASESINOS TE BUSCAN

Alguien disparaba un arma en un colegio de Littleton, Colorado. En ese momento, cuando comenzaba el día, nadie sabía exactamente qué estaba sucediendo. Los jóvenes salían en fila del Columbine High School [Escuela Secundaria Columbine] cubriéndose la cabeza con las manos. Los primeros informes de los testigos eran escalofriantes: Los alumnos habían visto a compañeros de clase heridos que permanecían adentro sangrando, mientras que la policía no había logrado entrar todavía. El corazón de todos casi se detuvo al escuchar las declaraciones de los estudiantes: «Sí, hay jóvenes muertos en el colegio».

Cassie Bernall y Rachel Scott, dos de las adolescentes de la escuela eran creyentes. Los informes periodísticos relataron que Cassie y tal vez Rachel habían sido cuestionadas con respecto a su fe antes de ser ejecutadas.

«¿Crees en Dios?», le preguntaron a Cassie.
«Sí», respondió.

Esa fue su última palabra, instantes después uno de los asesinos le quitó la vida a sangre fría.

La historia de Rachel es tan dramática como la de Cassie. Rachel les había compartido el evangelio a Dylan Klebold y a Eric Harris tres semanas antes del tiroteo. Ella los había alentado a tener en cuenta a Jesucristo. De acuerdo con varias versiones, a Rachel le dispararon primero en una pierna. Una segunda bala atravesó su mochila y la derribó.

Uno de los asesinos había caminado hasta Rachel, que se encontraba boca abajo en el suelo aún viva y la había tomado del cabello, levantándola.

«¿Todavía crees en Dios?», le había preguntado.

Con una tremenda valentía, Rachel usó lo poco de vida que le quedaba para susurrar: «Tú sabes que sí». Un instante después ella estaba con el Señor.

Alrededor de un año antes de su muerte Cassie había escrito a su buena amiga Cassandra:

«Me pregunto qué es lo que Dios hará con mi vida. ¿Cuál será mi propósito? Algunos se convierten en misioneros y cosas por el estilo, ¿pero qué de mí? ¿Qué es lo que Dios tiene para mi vida? ¿Dónde están mis talentos y mis dones? Por ahora, viviré día a día. Tengo la certeza de que algún día miraré mi vida y pensaré: "¡Ah, así era! ¿No es sorprendente, este plan del que somos parte?"»

Aunque la vida de Cassie ahora es extraordinaria, ella no era una jovencita que sobresaliera entre la multitud ni siquiera un año antes de su muerte. Dave, su líder de jóvenes le dijo a su madre: «Algunos de los jóvenes del grupo tienen personalidades sobresalientes: hablan, bailan, son el alma de la fiesta. Cassie no lo era. Pero aún así permanecía fiel. Y es por eso que ella es una heroína para mí, porque veo muchas jóvenes como Cassie todos los días, año tras año, ¡y hay tantas que se rinden antes de tiempo!»

Cuando leí estas líneas narradas por Michael Smith en su libro *Este es tu tiempo* acerca de lo que había sucedido y de la situación de fe extrema a la que fueron expuestas las dos jóvenes que entregaron todo a causa de su fe, en primer lugar me confrontaron, me hicieron mirar hacia mi interior y considerar cuál hubiera sido mi respuesta. Me pregunté cómo reaccionaría ante una situación como esa, en la que en fracción de segundos hay que decidir entre la vida y la muerte.

Si bien resulta difícil concebir un momento así, intenta imaginar que estás ahí mismo, en ese lugar. De repente se escucha un retumbar en los pasillos: ¡bang!, ¡bang! ¡bang! Luego gritos desesperados y el sonido de gente corriendo por todas partes. No entiendes bien qué pasa, pero sabes que alguien está disparando y ese sonido se acerca cada vez más. Escuchas el ruido de un golpe en la puerta; se abre, y desde el piso ves la silueta de dos jóvenes fuertemente armados disparando a mansalva,

«...TENGO LA CERTEZA DE QUE ALGÚN DÍA MIRARÉ MI VIDA Y PENSARÉ: "¡AH, ASÍ ERA! ¿NO ES SORPRENDENTE, ESTE PLAN DEL QUE SOMOS PARTE?"».

como lo acaban de hacer contra todos los que se encontraban en el pasillo, camino a la biblioteca en la que te encuentras.

Están parados a pasos de ti, respirando odio y amargura, tan cerca que puedes sentir su respiración agitada y nerviosa. Traspiran muerte y rencor... Te golpean con el pie y te ordenan que te pongas de pie; te apuntan a la cabeza y te preguntan: «¿Crees en Dios?». Por un segundo parece que todo se detiene y esa interrogante resuena como un estruendo en tu mente: «¿Crees en Dios?»
Sabes que no están jugando, te das cuenta de que no se trata de una broma, eres consciente de que no tienes opción; detrás de ellos ves a otros chicos tendidos en el piso sangrando. Escuchas los gritos de desesperación. Parece una pesadilla. En un segundo piensas:

«Esto no puede ser cierto, no puede estar pasando», pero están frente a ti, no tienes alternativa, no puedes creer que esté sucediendo, pero no es posible huir de la realidad. Lo inimaginable está ocurriendo, y contigo.

Cassie y Rachel tomaron una decisión clave en el momento menos esperado de sus vidas, entregaron todo y murieron por sus convicciones.

Es muy probable que en toda tu vida nunca te enfrentes a una situación extrema como esta. Pero seguro que te verás expuesto a otro tipo de disparos dirigidos frontalmente contra tu fe, tu integridad y tus sueños cuando tus amigos se burlen de tus decisiones y comportamiento, cuando te digan que cierta acción no tiene nada de malo. Cuando te preguntes si eres normal.

Puede que te veas en situaciones como éstas:

Caso 1: Te encuentras atravesando un tiempo difícil en algún aspecto de tu vida. Eso te tiene deprimido. David, un amigo de la escuela, te ofrece marihuana, afirma que te hará sentir bien. Tienes dos opciones: decir que no o aceptar creyendo que lo podrás controlar. Es allí cuando se acciona el gatillo y tu vida se destruye, asesinando tus sueños y oportunidades.

Caso 2: Estás en tu trabajo. Tus compañeros de oficina han descubierto el modo de desviar mercadería sin que los jefes se percaten de ello. Pero tú eres el encargado de los inventarios, así que necesitan de ti para concretar el plan. De hecho, tú tienes la manera de acceder a los archivos y hacer que las mercaderías que pretenden robar no aparezcan como desaparecidas en el registro. Se te presentan dos opciones: Escuchar las voces ambiciosas y deshonestas de tus compañeros de trabajo, acceder a sus peticiones y ser parte del plan de robo, o mantenerte íntegro y no ceder a la presión que ejercen sobre ti. En una situación como esta sentirás que estás en la mira de ellos y que si no aceptas participar te menospreciarán y te criticarán hasta que accedas a sus peticiones. Si lo haces, el gatillo se habrá accionado, disparando contra tu integridad y liquidando la confianza que tus superiores han depositado en ti.

Caso 3: Estás en los días de exámenes finales del colegio. Se encuentran en una ronda de amigos en el patio de la escuela. Están conversando acerca de que hay que aprovechar el momento del receso para entrar al aula en la que el profesor ha dejado su carpeta sobre el escritorio con el contenido del examen del siguiente día. Nadie se ofrece como voluntario para sustraer una copia de los temas. Así que de alguna manera la discusión comienza a colocarte como firme candidato para cumplir la misión. De un momento a otro todos te nombran como el indicado para hacerlo. Esta vez no tienes salida: o decides mantenerte firme en que no vas y quedas como un cobarde a los ojos de tus compañeros o cedes ante sus comentarios intimidatorios y llevas a cabo la fechoría ateniéndote luego a las consecuencias.

De alguna forma u otra, todos en determinado momento nos encontramos en situaciones que nos ponen en la mira. Ya sea en casa, en el trabajo, en la escuela, en la universidad, o con los amigos; a veces la presión del grupo resulta tan fuerte que uno siente que literalmente le tiran a matar.

> **ES ALLÍ CUANDO SE ACCIONA EL GATILLO Y TU VIDA SE DESTRUYE, ASESINANDO TUS SUEÑOS Y OPORTUNIDADES.**

Y surge esta pregunta: ¿Qué es exactamente la presión de los compañeros? Creo que nada mejor que la definición que nos brinda Sean Covey en su libro *Las 6 decisiones más importantes de tu vida*. Él lo define de la siguiente manera:

«Es cuando la gente de tu edad te presiona para actuar de determinada manera. Es positiva si los compañeros esperan cosas buenas de ti, y negativa cuando te convencen de ser conformista o hacer cosas que no te convienen, como faltar a clases, robar en una tienda, tener relaciones sexuales, drogarte, mentir, cometer actos de vandalismo, maldecir, vestir de cierta manera, esparcir rumores y abusar de los débiles entre otras cosas. Cedes porque quieres ser aceptado, complacerlos o no atraer la atención hacia ti».

La presión de los pares te lleva a hacer cosas estúpidas que no harías normalmente cuando estás solo o piensas con más lucidez. Es increíble ver la forma en que reaccionan algunos cuando se encuentran bajo presión. Hay quienes se achatan y se dejan invadir por un río caudaloso que arrasa con todos sus principios, mientras que otros muestran la convicción y fortaleza de una piedra.

Creo firmemente que la actitud que decidas adoptar en contextos como estos cambiará drásticamente las reglas del juego, ya sea para bien o para mal, según lo que decidas.

Mantente firme aun cuando en tu casa los tuyos se burlen de tu fe y de lo que crees, cuando en tu trabajo un superior o algún compañero te menosprecie por tus convicciones, cuando sientas que te encuentras entre la espada y la pared, cuando tengas que elegir entre quedar bien con tus amigos o permanecer firme en tu decisión de serle fiel a Dios, cuando te enfrentes cara a cara con la tentación. Tal vez no te apunten a la frente con una pistola, pero es muy probable que sientas que te están tirando a matar cuando te presionan para que abandones tu fe y accedas a lo que sabes que va en contra de los planes de Dios para tu vida.

Ten por seguro que cuando abandones los vicios por una vida saludable, que cuando dejes de perder el tiempo en aquellas cosas que nada tienen que ver con las metas que te has trazado, cuando cambies la mediocridad por la excelencia, las críticas no tardarán en llegar. De hecho, los mediocres te critican porque con tu manera de vivir los pones en evidencia y los haces quedar mal.

LA PRESIÓN DE LOS PARES TE LLEVA A HACER COSAS ESTÚPIDAS QUE NO HARÍAS NORMALMENTE CUANDO ESTÁS SOLO

Pero si quieres salirte del promedio de vida estándar, tienes que estar comprometido, debes hacerle frente a los embates que la vida te presente.

Es posible que te sientas capaz de llevar una vida mejor, de superarte y llegar a ser una inspiración para otros. Pero también es probable que creas que ese sentir se irá diluyendo con el correr de las horas y los días. Tal vez en tu mente suene la alarma de la realidad recordándote que en un futuro inmediato volverás a tus errores cotidianos, y esos pensamientos tienden a debilitarte. Sin embargo es el momento de asumir una *actitud* ganadora y dar pasos para mantener el curso que te has propuesto. ¿Recuerdas la cruel sensación de estar en el colegio y que el profesor pidiera que sacaran una hoja anunciando que tendrían un examen sorpresa cuando tú no te habías preparado? Tragabas saliva, te sudaban las manos, mirabas a los costados para ver cómo reaccionaban los demás, pensabas rápidamente en algún atajo para eludir ese momento de prueba, y solo atinabas a mirar al profesor sin creer lo que estaba pasando.

Congela en tu mente esa imagen.

Ahora volvamos a la realidad, ambos sabemos que no hay atajos, que no hay salidas de emergencia, que nadie se hará cargo de tus responsabilidades y que solo una cosa podría sacarte adelante, y es estar preparado y tener valor en el momento de enfrentar los desafíos. Así como la respuesta ante una situación de este tipo resulta obvia, de la misma manera es obvia la forma en que deberías enfrentar tu vida.

Aférrate a tu fe, guárdate, pasa tiempo a solas con Dios meditando en su Palabra y hablando con él. Lee libros que te desafíen a alcanzar tu propósito, rodéate de gente de Dios que te inspire a pagar el precio que conlleva seguir a Jesús en estos tiempos, disfruta de su presencia y prepárate de antemano, para que cuando llegue el momento de las confrontaciones puedas estar determinado a no ceder un palmo, pase lo que pase.

Es el momento ideal para que *dejes de pensar qué puede hacer Dios por ti, y que empieces a pensar qué puedes hacer tú por el reino de Dios; ha llegado la hora de dejar las excusas de lado y empezar a ir en contra de la corriente.*

Recuerda que los emisarios de Satanás te buscan y te tienen en la mira, pero es momento de entender que puedes asestar un golpe magistral al reino de las tinieblas, arruinando sus planes no solo en el presente, sino también en el futuro.

Tu actitud de hoy frente a las presiones y tentaciones tendrá repercusión en tu futuro y en la vida de la persona que compartirá la suya contigo, así como también en la vida de tus hijos.

> **TU ACTITUD DE HOY FRENTE A LAS PRESIONES Y TENTACIONES TENDRÁ REPERCUSIÓN EN TU FUTURO**

CONSEJOS PARA MEJORAR TU ACTITUD:

- Haz una pausa de diez minutos a la mañana y otra de diez minutos a la tarde para meditar en tus actitudes y pedirle a Dios su ayuda para desarrollar lo mejor que hay en ti.

- Aprende a decir que no sin sentirte culpable pensando que lastimas a alguien. No olvides que tratar de agradar a todo el mundo constituye un desgaste enorme e inútil.

- Planea tu vida para ganar, pero prepárate para los imprevistos. Recuerda que no todo depende de ti.

- Enfócate en una tarea a la vez, no trates de conseguirlo todo de una porque no podrás y eso te causará una enorme frustración.

- Pide ayuda siempre que sea necesario, pero ten cuidado de a quién se la pides, que sea a una persona coherente en palabras y acciones.

- Cultiva buenas amistades, es muy importante poder confiar y hablar abiertamente con amigos.

EXPEDICIÓN AL FUTURO

El señor Hand le dio una gran lección al pequeño Dre Parker: «La vida a veces te tira pero solo tú puedes decidir si te levantas». (Karate Kid III)

Tu vida se va resolviendo según las decisiones que tomas. Desde el momento en que eliges el horario en el que pondrás tu despertador para levantarte por la mañana comienza el ciclo de decisiones de un nuevo día. Luego están aquellas determinaciones que vamos tomando casi sin pensar. También hay otras que pueden definir el rumbo de tu vida y que ameritan una reflexión antes de escoger, teniendo en cuenta sus derivaciones no solo en el presente, sino más adelante.

> **LO QUE ELIGES HOY AFECTARÁ Y TENDRÁ CONSECUENCIAS EN EL MAÑANA, POR ESO ES UN TEMA QUE NO SE PUEDE TOMAR A LA LIGERA**

Tus decisiones determinan quién eres y forjan tu futuro. Lo que eliges hoy afectará y tendrá consecuencias en el mañana, por eso es un tema que no se puede tomar a la ligera; es como una semilla que dará fruto y se multiplicará. Así como potencialmente una semilla es capaz de dar cientos de frutos, una decisión puede tener cientos de consecuencias positivas o negativas.

Tus decisiones viajan a través del tiempo, y llegan a tu futuro con las maletas cargadas de consecuencias. Estas consecuencias pueden ser buenas o malas. Sean cuales fueren, llegarán a tu futuro.

«El ser humano es capaz de tomar decisiones basándose en sus valores. La facultad de elegir el rumbo de nuestra vida nos permite reinventarnos a nosotros

mismos, cambiar nuestro futuro e influir con fuerza en el resto de la creación».
Stephen Covey

¿Qué harás de tu vida? ¿Qué ocurrirá más adelante contigo? ¿Dejarás que el tiempo decida lo que va a suceder o decidirás tú lo que va pasar contigo a través del tiempo?

En muchas ocasiones no es posible evitar las situaciones difíciles en la vida. Existen centenares de experiencias que pueden nublar tu visión del futuro esperado. Si bien eso es cierto, también es verdad que cuando te ocurren cosas malas puedes decidir entre dos puntos de vista:

1-Permitir que lo malo que te ha pasado te convierta en alguien mejor.

Tal es el caso de Manu. Sus padres se separaron cuando él iniciaba la secundaria. Tuvo que atravesar por innumerables momentos traumáticos que podrían haber marcado su vida negativamente. Sin embargo, de manera admirable, él se propuso sacar mejores calificaciones de las que había conseguido hasta ese momento, y de esa manera obtener una beca en alguna universidad. También era consciente de que la situación económica para ellos había cambiado; a partir de lo sucedido su padre ya no cubría los gastos de la familia. A pesar de ello y del desgaste emocional, se enfocó en sus estudios durante todos esos años y finalmente lo logró. Obtuvo su beca. En una ocasión le pregunté cómo había llegado a la determinación de que su realidad familiar no lo absorbiera al punto de derribar sus sueños. Esto fue lo que me contestó: «Como cualquier chico de mi edad podría haber encontrado todo tipo de salidas para aliviar la tensión. Sin embargo, entendí que lo que me estaba pasando me podría convertir en una mejor persona si no me excusaba detrás de otras cosas, las que podrían haberme hecho padecer el mismo mal o aún otros peores. Entendí que no era el final sino solo una transición y que dependía de mí la forma de hacerle frente. Lo bueno es que lo logré. No le guardo rencor a mis padres. Muy por el contrario, agradezco las buenas enseñanzas que me dieron, y también reconozco que me mostraron con sus vidas y decisiones qué camino no debía tomar para la mía. En otras palabras, aprendí de sus errores, lo que me sirvió para tomar el camino correcto en la vida».

2-Permitir que lo malo que te ha pasado te destruya.

Manu tiene un hermano mayor llamado Juan. Cuando sucedió el desastre familiar Juan se aislaba de la familia y se sumergía en cuadros depresivos por tiempos prolongados. Constantemente discutía con sus padres reclamándoles sobre la nueva vida que llevaba gracias a ellos. Con rabietas de por medio, desaparecía por varios de días de la casa; en muchas ocasiones pasaban la noche en vela llamando a los amigos que Manu y su madre conocían. A pesar del dolor de la familia y de las variadas charlas que mantenían por horas para hacerlo recapacitar, Juan no reaccionaba positivamente. Se involucró con amigos que pasaban casi todas las noches en diversas fiestas, tomando y consumiendo drogas. Desgraciadamente, como era de

> «...APRENDÍ DE SUS ERRORES, LO QUE ME SIRVIÓ PARA TOMAR EL CAMINO CORRECTO EN LA VIDA»

esperar por el cambio de conducta que había tenido, Juan se vio envuelto en el mundo de las drogas. Tampoco terminó la secundaria. Hasta hoy le cuesta mantenerse en un trabajo estable puesto que cada vez que encuentra uno, lo pierde al poco tiempo. Sin lugar a dudas, lo que Juan vivió interfirió radicalmente en su vida.

Entonces, ¿cuál es el factor determinante para que dos personas que provienen de un mismo contexto vivan vidas totalmente opuestas?

Juan puede justificarse diciendo: «Como mis padres se separaron, entonces, me pierdo detrás de los vicios y justifico lo malo que hago, ya que otros tienen la culpa de lo que vivo». Penosamente se llena de resentimientos y maldad. Sin embargo, Manu, que proviene de la misma familia dice: «Voy a decidir cambiar mi realidad atreviéndome a soñar aun cuando mi futuro sea incierto; me trazaré metas y las alcanzaré. Seré un hombre de bien». Lo mismo que a uno destruye, al otro lo convierte en alguien mejor. Lo mismo que a uno lo aplasta, al otro lo inspira.

Entonces, lo que diferencia una vida de la otra son las decisiones que cada uno toma. Es como aquel joven al que despidieron de su trabajo. Él pudo haber reaccionado en forma diferente, sin embargo, prefirió dar gracias a Dios por el tiempo que había estado en ese lugar, asegurando que si una puerta se le cerraba, Dios le abriría otra. Mientras unos se lamentan al ver que una posibilidad se acaba, otros ven allí una nueva oportunidad.

En la vida tienes que tomar la decisión de no permitir que las situaciones desfavorables te destruyan, sino que desaten tu potencial. Para ello es preciso asumir cada momento con una actitud correcta. Cuida que lo malo no te dañe por dentro, aunque tenga toda la fuerza para hacerlo; no permitas que altere tu interior para que seas capaz de continuar transitando el camino de tu vida libre de trabas. Aférrate a Dios, permite que su amor te transforme, que el perdón sea una decisión diaria. Pon atención a lo que piensas y dices; ahí podrás identificar si tu interior ha sido afectado por la amargura y la falta de perdón. Oye tus palabras, ellas te pueden dar un indicio de cómo estás por dentro. Solo así podrás construir una vida sana emocionalmente y de calidad en todas sus facetas. Fuerza, ¡no te detengas!

CUIDA QUE LO MALO NO TE DAÑE POR DENTRO, AUNQUE TENGA TODA LA FUERZA PARA HACERLO

Recuerda que el camino que conduce a los grandes logros no está cubierto por una alfombra roja. Muy por el contrario, está lleno de espinos, molestias y circunstancias negativas. Sin embargo, lo cierto es que transitan por el camino de los grandes logros aquellos que guardan su corazón y hacen que lo malo les pase por el costado.

Así que, lanza por la borda las excusas que tengas, deshazte de la auto conmiseración, ya no le eches la culpa a los demás, proponte que aquello que a otros los destruye a ti te fortalezca y te ayude a extraer lo mejor que posees.

Piensa en la cantidad de personas que han vivido situaciones aun más extremas que la tuya y lo han logrado. Inspírate en ellas. Si otros han podido, también tú lo puedes conseguir. Recuerda que el que alcances tus logros dependerá de que decidas asumir una actitud correcta ante cada nuevo desafío.

De hecho, a esta altura de tu vida eres el resultado de las determinaciones que has tomado cinco o diez años atrás. Por eso es imprescindible que entiendas que a través de las decisiones de hoy, definirás y forjarás el futuro que vas a tener. En este punto debes asumir que tu futuro está en tu presente. Lo que hoy decidas determinará tu futuro.

Te lo presento de otra manera: si tú hoy eliges tener relaciones sexuales antes de casarte corres el riesgo de quedar embarazada en caso de que seas una chica, o de embarazar a tu novia si eres un chico. Las consecuencias que el saltear etapas traerá a sus vidas pueden ser muy dolorosas. Piensa en esto: si eres una jovencita tendrías que trabajar para mantener a tu bebé y posiblemente postergar tus estudios o llevarlos adelante de una manera mucho más trabajosa. Además corres el riesgo de que el cabezón con el que salías se desentienda de la responsabilidad, como sucede en muchos casos. Si eres el joven, también tendrías que asumir responsabilidades similares en cuanto al trabajo y ni hablar del aspecto emocional y de madurez. Eso sin considerar las condiciones en las que el pequeño nacerá. Este es tan solo un caso, por supuesto hay otros tipos de consecuencias, pero con el fin de ser gráfico lo presento así. Por haber decidido pasarla bien por un breve tiempo tu futuro podría tomar otro rumbo.

Entonces, tus determinaciones de hoy viajan a través de la máquina del tiempo, de modo que resulta necesario que las tomes de forma sabia. Es importante entender que el conocimiento solo no basta, debes elegir con inteligencia. Hay gente con mucho conocimiento, pero con grandes fracasos. Con seguridad conoces personas que han obtenido títulos académicos, sobresaliendo en sus profesiones, pero que en sus vidas privadas no han podido sobrellevar un matrimonio o educar correctamente a sus hijos. Por lo tanto, más allá del conocimiento que podamos adquirir, ocupémonos de cultivar también nuestra vida espiritual a través de la Palabra y la relación íntima con Dios; en lo social, descentralicemos la atención que ponemos en nuestra persona para servir a otros; y en lo emocional, guardemos nuestros pensamientos y nuestro corazón.

En resumen, es determinante entender que la capacidad de relacionarnos con Dios es un hábito que se va desarrollando durante toda la vida por medio de una relación personal e íntima con él a través de su Palabra, la oración y el compartir con otras personas que lo aman. Eso tendrá una repercusión en nuestra valoración personal, en un relacionamiento correcto con los demás y en la manera en que manejamos nuestras emociones con madurez.

> **EN ESTE PUNTO DEBES ASUMIR QUE TU FUTURO ESTÁ EN TU PRESENTE. LO QUE HOY DECIDAS DETERMINARÁ TU FUTURO.**

Nació en Chicago, pasó los años más felices de su infancia en una granja cerca de Marceline, Missouri, hasta que en 1909 su padre enfermó y la familia debió trasladarse a Kansas City. Allí empezó a trabajar como repartidor de periódicos, labor que compaginaba con sus estudios, lo que implicó un menor rendimiento en la escuela, en la que nunca había sido un alumno aventajado.

A este joven le encantaban el dibujo y las historietas; tenía el sueño de convertirse en un gran dibujante. Con gran entusiasmo empezó a buscar empleo en diferentes periódicos a los que les ofrecía sus dibujos. La mayoría de ellos lo rechazó, alegando falta de talento. En unas de las breves pasantías laborales que tuvo en sus inicios, lo despidieron porque consideraron que no tenía buenas ideas y que era poco creativo. Sin embargo, él se mantenía firme en su idea de que lo podía lograr, así que siguió adelante buscando algún espacio en el que mostrar su talento. En una de esas entrevistas laborales, un pastor protestante lo contrató para que pintara los anuncios de la iglesia. Como no tenía lugar para una oficina, trabajaba en el garaje del templo, con algunos roedores como sus únicos compañeros.

ÉL SE MANTENÍA FIRME EN SU IDEA DE QUE LO PODÍA LOGRAR, ASÍ QUE SIGUIÓ ADELANTE BUSCANDO ALGÚN ESPACIO EN EL QUE MOSTRAR SU TALENTO

Inquieto e innovador por naturaleza, el joven continuó tratando de avanzar hacia el sueño que lo movía día a día, buscando la forma de lograrlo. Un día pidió una cámara prestada y montó un modestísimo estudio en el garaje de su casa, en el que, con la ayuda de Iwerks (un amigo y excelente dibujante) produjeron su primera película de dibujos animados.

Este joven creyó que con su experiencia como camarógrafo obtendría trabajo de director, pero ningún estudio quiso contar con sus servicios, por lo que decidió montar su propia empresa con su hermano Roy como socio. Comenzaron bien, pero no pasó mucho tiempo antes de que la empresa comenzara a ir en picada.

Parecía que realmente se había equivocado de vocación o que el destino se le ponía en contra, de modo que intentando salir a flote, el joven emprendió un largo viaje. Allí fue donde se le ocurrió algo que daría un giro de ciento ochenta grados a su vida.

Pero dejemos que él mismo nos cuente lo que ocurrió en sus propias palabras:

«*Mickey apareció; salió de mi mente en una libreta de dibujo, en un tren entre Manhattan y Hollywood, en un momento en que la empresa de mi hermano Roy y mía estaba en el punto más bajo y el desastre parecía encontrarse a la vuelta de la esquina*».

Con el correr del tiempo, Mickey se hizo mundialmente famoso de la mano de este joven. Hoy lo conocemos como Mickey Mouse. Y al flamante dibujante, artista, productor y pionero del cine de dibujos animados, como Walt Disney.

Al leer una historia como la de Walt Disney, los interrogantes empiezan a surgir:

¿Cómo pudo capear los malos momentos que le tocó vivir?

¿Qué fue lo que le permitió seguir avanzando a pesar de los malos resultados obtenidos?

¿Te ha pasado alguna vez hacer tu mejor esfuerzo y cosechar los peores resultados?

¿Que actitud deberíamos tomar cuando este tipo de cosas nos suceden?

Muchas de las respuestas las podemos encontrar en las siguientes palabras que este joven escribió en una libreta que lo acompañaba a todas partes:

«Y así, después de esperar tanto, un día como cualquier otro decidí triunfar... decidí no esperar las oportunidades sino buscarlas yo mismo, decidí ver cada problema como la oportunidad para encontrar una solución.

Decidí ver cada desierto como la oportunidad de encontrar un oasis, decidí ver cada noche como un misterio por resolver, decidí ver cada día como una nueva oportunidad de ser feliz.

« AQUEL DÍA DESCUBRÍ QUE NO TENÍA OTRO RIVAL MÁS QUE MIS PROPIAS DEBILIDADES»

Aquel día descubrí que no tenía otro rival más que mis propias debilidades, y que en ellas está la única y mejor forma de superarnos, aquel día dejé de temer perder y empecé a temer no ganar, descubrí que no era yo el mejor y que quizás nunca lo sería, me dejó de importar quien ganara o perdiera, ahora me importa simplemente saberme mejor que ayer.
Aprendí que lo difícil no es llegar a la cima, sino jamás dejar de subir.

Aprendí que el mejor triunfo que puedo tener, es el derecho de llamar a alguien "amigo".
Descubrí que el amor es más que un simple estado de enamoramiento, "el amor es una filosofía de vida".
Aquel día dejé de ser un reflejo de mis escasos triunfos pasados y empecé a ser mi propia tenue luz de este presente;
Aprendí que de nada sirve ser luz si no va a iluminar el camino de los demás.
Aquel día decidí cambiar tantas cosas...
Aquel día aprendí que los sueños son solamente para hacerse realidad.
Desde aquel día ya no duermo para descansar...
... ahora simplemente duermo para soñar».

Walt Disney.

Cuando entiendes que tu actitud puede abrirte la puerta del futuro que esperas tener, no importa que tu génesis sea humilde ni que se dé en un contexto sin oportunidades, no importa que la gente que te rodea menosprecie tus dones o no te valore. Lo importante es que nada de eso te detenga. Así como lo hizo Walt, que un día decidió que había llegado el momento de cambiar; que aunque a su alrededor nada se había modificado, él no sería el mismo, y que con sus decisiones desafiaría a su futuro; y así lo hizo, en un momento en que su quiebra era inminente. Fue como un fuerte viento favorable en tiempos turbulentos, que con un destello de creatividad lo cambió todo.

Así que no permitas que nada de lo que ocurra en el presente te haga desistir de lo que puedes llegar a ser. A mucha gente no le gusta pensar en su futuro porque tiene miedo, o lo ve muy desalentador puesto que lo contempla a través de los lentes de su realidad, o de las circunstancias apremiantes que está viviendo en su presente.

Todo lo que vives hoy es el resultado de lo que hiciste ayer, y mañana vivirás las consecuencias de las decisiones de hoy. ¡Esa si es una excelente noticia! Ya que nos brinda la capacidad de construir nuestro futuro sin que nos derribe nuestra situación actual y el contexto en el que nos desenvolvemos.

Los obstáculos que la vida te presenta pueden convertirse en oportunidades con el potencial de hacerte crecer, madurar, desarrollar actitudes, descubrir talentos, y muchas cosas más. Mucho de eso tiene que ver con la actitud con la que enfrentas la vida, y con las decisiones que tomarás para mantenerte firme rumbo a la realización de tus metas.

> A MUCHA GENTE NO LE GUSTA PENSAR EN SU FUTURO PORQUE TIENE MIEDO, O LO VE MUY DESALENTADOR PUESTO QUE LO CONTEMPLA A TRAVÉS DE LOS LENTES DE SU REALIDAD

Entonces, ¿cuál es la clave para lograrlo? ¿Cuál es el secreto para convertir los tiempos turbulentos en vientos favorables?

Entender que en ti está el poder de escoger cómo vas a reaccionar ante los obstáculos y desafíos que la vida te plantee. Los problemas y dificultades no tienen la capacidad de hundirte, desmoronarte y hacerte caer, a menos que tú lo permitas tirando la toalla y decidiendo quedarte a mitad de camino.

DESAFÍA
AL FUTURO

Puedes vivir esperando que la vida sea más fácil, o puedes esforzarte, enfocarte y hacerte más fuerte ante las adversidades.

Soy el menor de tres hermanos. Cuando tenía cuatro años mi papá se fue de la casa. Mi mamá nos reunió a todos y nos dijo que mi papá se iba de viaje por cuestiones de trabajo. Así que la idea no sonaba tan mal ya que cuando un padre va de viaje, al volver, normalmente trae regalos, de modo que esa noticia fue bien recibida. Pero con el correr del tiempo, esperando a mi papá, los días se convirtieron en semanas, las semanas en meses y los meses en años, y él nunca volvió.

Los siguientes años fueron años muy difíciles, no solo porque mi mamá tenía que hacer un doble esfuerzo en todo sentido por nosotros, sino porque al poco tiempo, papá se comunicó con nosotros y mis hermanos mayores fueron a vivir con él a un país de Centro América, quedando mi mamá y yo solos en Paraguay. Para no hacer tan larga la historia los años que continuaron los viví únicamente con mi mamá.

COMO TODO ADOLESCENTE QUE PROVIENE DE UN HOGAR DISFUNCIONAL VIVÍ MIS CRISIS TÍPICAS DE LA EDAD DENTRO DE LA IGLESIA

Una familia venía a casa todos los jueves a enseñarnos la Biblia. Tiempo después empezamos a asistir a la iglesia, para este entonces yo tenía nueve años. Y aunque no me gustaba mucho ir, mi mamá se encargó de que eso fuera algo innegociable, tenía que asistir me gustase o no, *«mientras viviera debajo de su techo»*, retumbaban sus palabras.

Lógicamente como todo adolescente que proviene de un hogar disfuncional viví mis crisis típicas de la edad dentro de la iglesia. Pero al estar expuesto a las enseñanzas de las Escrituras, empecé a interesarme por los asuntos de la Biblia y cada vez se hacía más fuerte en mí el deseo de conocer más a Dios y servirlo.

Así llegó un día en el que asistí a un campamento; no recuerdo muy bien todo lo que se habló, pero no olvido la última noche antes de que el campamento terminara. Me acuerdo que sobre mis rodillas hice una oración pidiéndole perdón a Dios por mi indiferencia. También esa noche perdoné a mi padre por el abandono y prometí que oraría por él para que conociera a Dios.

Esa noche también hice un pacto con Dios, en el que le pedí sabiduría y fuerzas para servirlo toda mi vida, y que él mismo me enseñara de modo que algún día pudiese ser *«El esposo y compañero que nunca había visto al lado de mi madre, y el padre que nunca había tenido para el hogar que algún día formaría con mi futura esposa»*.

Sin entender mucho lo que implicaba aquella oración le rogué a Dios que él fuera mi Padre y que a través de su Palabra me enseñara a lograrlo. Así decidí entregar toda mi vida para servir a Dios; esto ocurrió cuando tenía dieciséis años. Lo que no podía dimensionar en ese entonces era que Dios escucha las oraciones de sus hijos, y mucho menos las connotaciones que tendrían esas decisiones en los siguientes años de mi vida.

Tienes que entender que hacer una oración así en un momento como el que estaba viviendo era como si un niño intentara volar su cometa frente a grandes nubes negras cargadas de electricidad, azotado por fuertes vientos que presagian una inminente tormenta y con las primeras gotas de lluvia empezando a caer.

Pero sin que me diera cuenta, esas decisiones viajaron en una máquina del tiempo hasta llegar a mi futuro, logrando que la cometa levantara vuelo bien alto, aprovechando los vientos contrarios para seguir subiendo aún sobre las nubes que oscurecían el cielo.

Cuando le decía a Dios que algún día deseaba ser el esposo que mi mamá nunca había tenido ni siquiera podía imaginar lo que estaba pensando, era algo totalmente desconocido para mí. Pero en los planes de Dios ya iba tomando forma con nombre y apellido.

El tiempo pasó y un día conocí a una súper chica llamada Karen. Nos conocimos en la iglesia y nos hicimos más amigos en el tiempo en que estudiábamos en el instituto bíblico. Estrechamos amistad durante varios años, hasta que comencé a fijarme en algunas características muy peculiares que me llamaban mucho la atención, como su dedicación a las cosas de Dios, su pasión por todo lo que hacía y el modo en que servía con alegría a los demás. Su incesante búsqueda de hacer todo con excelencia, y por supuesto la belleza exterior e interior, hacían que los momentos que pasaba con ella fueran aquellos en los que pensaba al siguiente día. Alguien dijo alguna vez: «*Usa tu cerebro para escoger a tu pareja. La decisión más importante aparte de definir tu eternidad, es escoger la persona con la que pasarás el resto de tu vida*». Hay una frase que señala que la persona con la que compartirás el resto de tu vida puede ser la clave o el clavo.

> **LA PERSONA CON LA QUE COMPARTIRÁS EL RESTO DE TU VIDA PUEDE SER LA CLAVE O EL CLAVO.**

Así que para mí no era un tema para tomar a la ligera. Todas mis neuronas estaban tratando de ponerse en sintonía para que, en primer lugar, yo pudiera ser una persona clave y de bendición para la que decidiera compartir conmigo el resto de su vida para juntos servir a Dios.

Jamás se me hubiese pasado por la cabeza que aquella decisión que había tomado muchos años atrás estuviera empezando a tomar forma y comenzara a dejar de ser tan solo un deseo para tener nombre y apellido: Karen Brítez, que en los siguientes meses se convertiría en Karen Lacota.

Luego de un viaje de misiones de un mes que hicimos a las Islas Canarias, España, el último día del viaje, durante el retorno, en el Aeropuerto Internacional Barajas de Madrid, le pedí que fuera mi novia con vistas a compartir nuestras vidas. Fue así que con el correr de los días y en los primeros meses tomamos la decisión de casarnos. Planificamos nuestras vidas y los meses de noviazgo antes de que llegara la fecha elegida. Solo en cierta medida fuimos capaces de dimensionar que esas decisiones nos afectarían a nosotros y a los que nos rodeaban en ese momento.

Hoy, con el paso de los años, comprendemos que en el plan de Dios para nuestras vidas aquellas decisiones tomadas en 1998, aún siguen teniendo una fuerte influencia sobre personas que no conocíamos en aquel entonces, con nombres que aún no habíamos oído, pero que en el proyecto de Dios estaban presentes cuando decidíamos, incluyendo a Giannina Araceli y a Mía Paulina, nuestras hijas.

Esos rostros y esos nombres son personas que hoy conocemos, que están a nuestro alrededor. Son amigos con los que trabajamos, que se encuentran a nuestro lado, que comparten con nosotros, que viven hoy el desenlace de determinaciones que tomamos hace más de diez años y que aún siguen trayendo derivaciones en nuestro entorno y en sus vidas.

Cuando empezamos a mirar la vida desde esta perspectiva, somos capaces de darle la importancia que merece cada decisión que debemos tomar. Esto, a su vez, nos ayuda a considerar las derivaciones generacionales que podrían alcanzar nuestras elecciones de hoy.

A medida que todo esto ocurría antes de mi boda, mi familia se iba restaurando, comenzando por la relación con mi papá. También pude transmitir a mis hermanos las buenas nuevas de Jesús y ver con mis propios ojos que ellos aceptaron a Jesús en su corazón. Hoy todos en mi familia servimos a Dios. Todos vivimos nuestras vidas esforzándonos al máximo para llevar las buenas nuevas a otras familias que se encuentran en situaciones similares a las que nos ha tocado vivir a nosotros.

> **SON LAS PEQUEÑAS ACCIONES DE HOY LAS QUE ESCULPEN EL DISEÑO DE TU VIDA.**

Son las pequeñas acciones de hoy las que esculpen el diseño de tu vida. Lo que vayas sembrando hoy será lo que coseches mañana. De hecho, hoy es el resultado de lo que decidiste ayer, y mañana estará cargado de las consecuencias de lo que hayas decidido hoy. Aunque suena como un juego de palabras, es crucial avizorar sobre qué bases o principios estás escogiendo, aún en aquellas cosas aparentemente insignificantes. Busca hacer lo correcto por encima de lo que te conviene. Si tomas esto como un delineante para la toma de decisiones encontrarás que hay mayor gratificación en todo lo que emprendes. La Biblia afirma: «Camina en su integridad el justo; sus hijos son dichosos después de él» (Proverbios 20:7, RVR 1960). Si tomas hoy decisiones correctas, ellas tendrán repercusión incluso en la vida de tus hijos, aunque todavía no los tengas; cuando llegue el día ellos seguirán tu ejemplo.

Piensa en lo que hoy te corresponde decidir a ti, ¿cuáles son las áreas de tu vida en las que debes tomar decisiones importantes? ¿Tienes que perdonar a alguno de tus padres y empezar a diseñar tu propio futuro? ¿Sobre qué se fundamentan tus decisiones? ¿Hasta dónde afectarán tus acciones? ¿La vida de quiénes influenciarás?

Definitivamente, la familia influye en nuestro comportamiento, en nuestros valores y pensamientos, tiene el potencial tanto para edificar una vida como para destruirla. Puede moldear en ti un camino que te permita continuar con ventaja el trayecto hasta tu propio futuro, o puede dejarte un ejemplo de fracaso que no querrás repetir. Muchos jóvenes resultan muy afectados, al punto que eso les impide divisar correctamente lo que Dios ha preparado para ellos.
No pueden concebir en sus mentes que son capaces de escribir una historia totalmente distinta de la de sus padres. Es aquí donde Dios tiene un rol fundamental en tu vida, el punto en el que te dices que en el futuro vas a repetir el patrón de tus padres, y que más adelante te espera más de lo mismo.

Pero si asumes una actitud correcta y empiezas a buscar dirección de Dios para tomar decisiones condicionantes en tu vida, puedo asegurarte que aún aquellas situaciones que más te han golpeado aportarán solidez a tu carácter y te harán una persona más fuerte; y con el tiempo eso será lo que Dios use para que ayudes a otros que han vivido algo similar.

Finalmente:
Los enemigos de nuestros sueños y metas, terminan fortaleciéndonos y acercándonos a ellos, si tomamos las decisiones correctas.

EL ERROR
DE ERRAR

«Si confesamos nuestros pecados, Dios, que es fiel y justo, nos los perdonará y nos limpiará de toda maldad» (1 Juan 1:9).

¿A quién no le gusta imaginar una vida sin errores ni fracasos? Pero soñar algo así es algo muy alejado de la realidad. Es imposible pensar que no cometeremos errores en toda nuestra vida, pues son parte de la vida misma. Nosotros fallaremos y otros nos fallarán.

Un error puede costarte tu empleo, o hacerte perder alguna materia en un examen; una equivocación en una jugada puede desnivelar el resultado de un partido definitorio y también un traspié puede hacerte perder clientes y negocios importantes. Un paso mal dado puede hacer que te distancies de aquellas personas que amas, pero también a través de los errores aprendemos y somos alertados sobre peligros mayores. Las equivocaciones pueden llevarnos a retomar el curso si nos desviamos del camino, y son capaces de ayudarnos a ser más precisos en los siguientes pasos si reaccionamos correctamente ante ellos.

EL SIGNIFICADO LITERAL DE LA PALABRA PECADO ES «ERRAR EL BLANCO»

En realidad tenemos que saber que los errores vendrán. Es cierto que a nadie le gusta cometerlos, sin embargo es un indicio de madurez entender que no estamos exentos de ellos. El significado literal de la palabra pecado es «errar el blanco». Es casi imposible conciliar la idea de no cometer equivocaciones en nuestro caminar con Dios cuando nos trazamos metas e intentamos hacer las cosas con excelencia. Es muy probable que cometamos errores aunque hagamos nuestro mejor esfuerzo. Lo importante es que nos repongamos y *decidamos* trabajar en aquellas áreas de nuestras vidas que nos llevan a cometer faltas para superarlas.

La clave está en presentarnos delante de Dios. Dice 1 Juan 1:9: Si confesamos nuestros pecados, Dios que es fiel y justo nos lo perdonará y nos limpiará de toda maldad.»

Entonces, ¿qué hacer con los errores? En primer lugar, cuando los cometas, acéptalos; no busques excusas, y no juegues a las escondidas. Aprende la lección, trabaja duro para superarlos, y no te detengas; sigue adelante.

Si no controlas tus áreas débiles, tus áreas débiles te controlarán a ti.

Es vital entender que no estamos exentos de errores. Cuando esta realidad te golpee, pide perdón a Dios, perdona al que te falló, y por supuesto perdónate a ti mismo si tú fuiste el que se equivocó.

El error de errar es creer que un error es el fin o el destino, cuando en realidad solo se trata de una escala, una estación, hacia una vida mejor, si así lo decides.

No encuentro mejor manera de graficar este concepto que con una historia que leí hace algún tiempo, titulada: «¿Recuerdas lo del pato?»

Había un pequeño niño que visitaba a sus abuelos en su granja. Él tenía una resortera (catapulta) con la que jugaba todo el día. Practicaba con ella en el bosque, pero nunca daba en el blanco. Así que, un poco desilusionado, regresó a casa para la cena.

Al acercarse, divisó al pato, la mascota de la abuela. Sin poder contenerse usó su resortera, le apuntó al ave, lanzó una piedra y le atestó un golpe mortal en la cabeza. Estaba triste y espantado, y todavía en pánico, escondió el cadáver del animal en el bosque. Pero se dio cuenta de que su hermana lo estaba observando. Sally lo había visto todo pero no dijo nada.

Después de comer la abuela solicitó: «Sally, acompáñame a lavar los platos». Pero Sally le respondió: «Abuela, Johnny me dijo que hoy quería ayudarte en la cocina, ¿no es cierto Johnny?». Y luego le susurró al oído: «¿Recuerdas lo del pato?». Entonces, sin decir nada, Johnny lavó los platos.

En otra ocasión el abuelo les preguntó a los niños si querían ir de pesca, y la abuela dijo: «Lo siento pero Sally debe ayudarme a preparar la comida». Sally con una sonrisa exclamó: «Yo sí puedo ir, porque Johnny me dijo que a él le gustaría colaborar». Nuevamente le susurró al oído: «¿Recuerdas lo del pato?». Entonces Sally fue a pescar y Johnny se quedó.

SI NO CONTROLAS TUS ÁREAS DÉBILES, TUS ÁREAS DÉBILES TE CONTROLARÁN A TI.

Luego de muchos días en los que Johnny hacía sus propias tareas y las de Sally, finalmente no pudo más. Fue hasta su abuela y le confesó que él había matado al pato. Ella se arrodilló, le dio un gran abrazo y le dijo: «Amorcito, yo ya lo sabía». Estaba parada en la ventana y lo vi todo, pero porque te amo te perdoné. Lo que me preguntaba era hasta cuándo permitirías que Sally te tuviera como esclavo».

No sé lo que hay en tu pasado. Tampoco conozco cuál de tus pecados es el que el enemigo te restriega en la cara. Pero más allá de lo que sea, quiero que sepas que Jesucristo estaba parado en la ventana mirando absolutamente todo. Sin embargo, a causa de su amor por ti, él está listo para perdonarte.

Quizás Jesús se esté preguntando hasta cuándo permitirás que el enemigo te mantenga esclavizado. La mayor maravilla de Dios es que él no solo perdona, sino que también olvida.

A veces pensamos que cuando oramos y le confesamos a Dios nuestras faltas él se entera en ese momento de lo que estuvimos haciendo; sin embargo eso no es así, no olvidemos que los ojos de Dios recorren la tierra y todo lo ven.

Si Dios nos invita a confesar nuestros pecados no es para enterarse (porque él lo conoce todo, hasta nuestros pensamientos), es simplemente para que nos saquemos esa carga de culpabilidad de encima y permitamos de esa manera que el Espíritu Santo obre en nuestras vidas y nos dé la fortaleza para superar aquellos obstáculos en nuestro caminar con él. Es una decisión que tenemos que tomar todos los días.

Con esto no estoy diciendo que podemos cometer errores todo el tiempo y pecar, y luego de una oración tener licencia para volver a hacerlo nuevamente sin esforzarnos por superarlo. Alguien lo dijo en estas palabras:

«Errar es humano, pero cuando el borrador se gasta antes que el lápiz, algo anda mal».

Por un momento reflexiona sobre aquello que no te

agrada de ti, pueden ser malos hábitos o tentaciones, o lo que consideres una amenaza potencial para ti. Escríbelo en un cuaderno para que puedas visualizarlo, luego traza un plan para superarlo (para ello pídele colaboración a alguien que respetes y admires por su estilo de vida), y luego solicita ayuda a Dios para vencerlos.

En este punto debemos tomar la decisión de sincerarnos con nosotros mismos y con Dios, aceptar nuestros errores y seguir adelante hasta lo que nos propusimos como meta en nuestro caminar con él, entendiendo lo que dice la Biblia en Juan 8:32: *«Conocerán la verdad, y la verdad los hará libres»*. Es importante que nos pongamos a cuentas con Dios diariamente, ya que eso nos da libertad, nos hace libres del pecado, de la mentira, del engaño, del temor, de complejos, de culpas, de vivir de las apariencias y de superficialidades, y nos permitirá ser libres para amar y perdonar.

SER VERACES NO TIENE QUE VER SOLAMENTE CON DECIR LA VERDAD SINO CON VIVIRLA

Ser veraces no tiene que ver solamente con decir la verdad sino con vivirla. Te preguntarás cómo puedes hacerlo. Piensa en situaciones de tu vida cotidiana, en tu colegio, en tu hogar, en tu grupo de amigos, en las que puedes escoger qué tipo de vida vivir.

Definitivamente, tú escoges cómo te comportarás. Si vas a basarte en mentiras y apariencias o en la verdad de Jesús y en su Palabra. En todos los casos mencionados anteriormente se pone a prueba el carácter. Quizá algunas de esas situaciones no representen ningún conflicto de elección para ti, pero otras sí. De eso depende el andar con veracidad, de que en cada situación que se te presente decidas actuar con autenticidad, de manera transparente, aunque eso acarree resultados no tan agradables ni convenientes en el momento. Quizá en ocasiones te ridiculicen o te veas en aprietos, pero no olvides que ante los ojos de Dios vas a estar haciendo tu mejor tarea, y contarás con su aprobación. Entonces, si la verdad nos hace libres, la mentira nos esclaviza. Una vez que mientes necesitas formular otra mentira para sostener la anterior, y eso se convierte en una cadena de falsedades que lo único que logra es mantenerte amarrado.

El entrenador Rick Pitino de la NBA dijo: «*La mentira extiende el problema hacia el futuro, la verdad hace que se quede en el pasado*».

Tal vez al leer estas líneas estés pensando: «Todo suena muy bien, pero ya tengo una mochila al hombro cargada de malas decisiones que he tomado, y estoy viviendo las consecuencias de ello».

Pero no dudes ni por un segundo en comenzar hoy. ¡Nunca es tarde para empezar a decidir bien! Hoy puede ser el primer día. Recuerda que en Cristo todas las cosas son hechas nuevas.

«Por lo tanto, si alguno está en Cristo, es una nueva creación. ¡Lo viejo ha pasado, ha llegado ya lo nuevo!» (2 Corintios 5:17).

Tengo esta excelente noticia para darte: Tienes la brillante oportunidad y el poder a través de tus decisiones de labrarte el futuro que quieres a partir de hoy.

A LA HORA DE TOMAR DECISIONES:

- Sé concreto al momento de fijar tus objetivos, y ordena tus prioridades.

- Reúne toda la información necesaria, consigue la mayor cantidad de datos posible, y evalúa todas las variables.

- Dale la importancia que merece cada decisión. No sobrestimes las consecuencias a corto, mediano y largo plazo.

- No tomes decisiones cuando estás bajo presión, en un estado de agotamiento extremo o cuando atraviesas un tiempo de crisis fuerte.

- Nútrete de materiales que te ayuden a desarrollar mayor capacidad para la toma de decisiones correctas, como ir a clases de liderazgo, leer libros, ver videos, escuchar audios de libros, participar en grupos, y reunir todas aquellas herramientas que te permitan adquirir nuevas habilidades.

- Considera la orientación vocacional, las opiniones de tus padres, líderes y personas de confianza con mayor experiencia en el área en cuestión.

- No te dejes impresionar por las circunstancias actuales o externas, evalúa en qué desembocarán con el correr del tiempo.

- Busca una o dos personas de confianza que evalúen las decisiones que has tomado y puedan animarte y corregirte. Pero no permitas que sean otros los que tomen las decisiones que a ti te corresponden.

- Es muy posible que cometas errores aun luego de haberte tomado el tiempo de analizar tus decisiones. Aprende de tus fallas, pero no dejes que estas te derroten. Mantén tus objetivos en la mira y sé perseverante en tus decisiones.

- Deja que Dios participe en tus determinaciones, busca su dirección constantemente y persevera en oración en lo referente a la cuestión que tienes que decidir.

ACCIÓN

En 1739, Dios lo llamó a su obra. Tenía catorce años cuando ingresó a un instituto bíblico, y para poder pagar sus estudios y sostenerse trabajaba como zapatero. Cada mañana llegaba temprano a la zapatería y trabajaba reparando calzados, soñando con llevar el evangelio a lugares a los que nunca antes había llegado.

Pocos años después, con solo dieciocho años, comenzó a pastorear su primera iglesia, pero seguía trabajando como zapatero; sin embargo, este hombre tenía carga por los perdidos y la visión de alcanzarlos. Así que fabricó un mapa del orbe y una réplica del globo terráqueo con retazos de cuero. Carey se dedicó a mirar las necesidades de las distintas naciones y día a día su visión fue aumentando. Cuando tenía veinticinco años lo invitaron a dar un mensaje que se convirtió en una de sus más afamadas e impactantes predicaciones, basada en los versos 2 y 3 del capítulo 54 de Isaías que dicen:

> **EMPRENDE GRANDES COSAS PARA DIOS Y DIOS HARÁ GRANDES COSAS**

«Ensancha el sitio de tu tienda, y las cortinas de tus habitaciones sean extendidas; no seas escaso; alarga tus cuerdas y refuerza tus estacas. Porque te extenderás a la mano derecha y a la mano izquierda; y tu descendencia heredará naciones, y habitará las ciudades asoladas» (RVR 1960).

Carey tituló su predicación así: Emprende grandes cosas para Dios y Dios hará grandes cosas. Este mensaje fue el punto de partida para que millones y millones de misioneros salieran a las naciones no alcanzadas a conquistar almas para Cristo. Él particularmente escogió la India como el centro desde donde predicar el evangelio, logrando abolir las prácticas paganas de aquella nación. Se trataba de un hombre igual a ti y a mí, pero quizá con una diferencia radical. Este era un hombre visionario que desde un principio supo lo que quería y eso lo llevó a proyectarse al futuro, vislumbrando lo que deseaba llegar a hacer.

La historia de Guillermo Carey entre muchas cosas nos muestra algunas cualidades vitales que nos llevarán a concretar nuestros sueños y metas:

TENER INICIATIVA

Guillermo soñaba cosas grandes, pero tomó la iniciativa de darle un punto de partida a sus sueños. No puso su mirada en las limitaciones, ni tampoco en su contexto, sino que definió lo que quería y lo visualizó rápidamente. Tomó la iniciativa; con solo dieciocho años comenzó a pastorear su primera iglesia. De todos modos, para sustentarse seguía trabajando como zapatero, pero ya se había iniciado en el sueño que tenía. No esperó el escenario ideal para comenzar y tampoco aguardó a ver si la gente lo apoyaría o creería e invertiría en la visión que Dios le había dado aún estando en la zapatería.

Él hizo lo más sencillo, pero difícil para muchos. Dio el puntapié inicial. Levó anclas e inició la travesía. Salió de su zona de comodidad y concretó lo que todavía solo podía ver en su mente.

Ese primer paso fue el que luego desembocaría en una serie de situaciones y consecuencias que lo acercarían a lo que se había propuesto. Como alguien dijo alguna vez: «Para recorrer quince mil kilómetros hay que empezar con el primer paso», y eso fue lo que hizo Guillermo, tomó la iniciativa.

Muchos tienen grandes sueños bajo la ducha, pero son muy pocos los que salen de ahí y hacen algo al respecto.

No es suficiente con soñar y visualizar un montón de cosas que queremos lograr, es fundamental definir lo que queremos, y empezar a dar los primeros pasos para lograrlo.

El próximo paso es:

PREPARARSE

No puedes lograr cosas grandes pensando en lo que eres, las cosas grandes se obtienen imaginando lo que uno quiere llegar a ser y preparándose para serlo.

Guillermo se fabricó el mapa del orbe y la réplica del globo terráqueo con retazos de cuero, y se dedicó a investigar las necesidades de las distintas naciones. De esta manera alimentó la visión que tenía, la enriqueció con la preparación y el conocimiento que fue adquiriendo de los diferentes pueblos que empezó a estudiar. Pero para lograrlo tuvo que ser una persona muy disciplinada.

SALIÓ DE SU ZONA DE COMODIDAD Y CONCRETÓ LO QUE TODAVÍA SOLO PODÍA VER EN SU MENTE.

La disciplina es clave en el tiempo de preparación. En el tira y afloje de la vida, en la lucha entre el placer inmediato que anuncian a gritos los medios de comunicación y la recompensa a largo plazo que dicta la preparación, es la disciplina la que juega un papel preponderante.

Dedicar tiempo a estudiar, en vez de ver tres horas diarias de televisión te llevará a un mejor nivel académico como consecuencia directa a través del tiempo.

Una hora de caminata o trote diario en vez de ocupar ese tiempo frente al televisor comiendo palomitas de maíz y tomando bebidas gaseosas, con el tiempo redituará en un mejor rendimiento atlético y un estado físico más saludable.

Una hora de lectura diaria de algún libro que aborde un tema específico que te interese en vez de leer revistas de chismes de la farándula o periódicos deportivos, aumentará tu conocimiento y con el tiempo podrás convertirte en un experto en ese tema.

La disciplina en los pequeños detalles durante tu tiempo de preparación terminará marcando una gran diferencia más adelante.

ENTRAR EN ACCIÓN

Guillermo tenía una visión global de lo que quería hacer, pero rápidamente definió por dónde empezaría, escogiendo a la India como su centro para predicar el evangelio y proyectarse desde ahí al mundo entero.

Cuando no actúas y permites que tu mente se desplace del presente al futuro es cuando el miedo te atrapa. El temor y la ansiedad te juegan en contra y empiezan a inmovilizarte. Por eso es que cuando sabes lo que quieres hacer, debes entrar en acción.

Las ganas y los sentimientos positivos y de realización difícilmente llegarán antes de que hayas comenzado a actuar.

El esforzarte en los estudios hará que te sientas mucho mejor aún en tu participación en clases.

Cuando comienzas a colaborar con los quehaceres del hogar, aunque los primeros días te resulten bastante tediosos, luego comenzarás a disfrutar de la armonía que reina en tu hogar.

Cuando no sabes cómo administrar tu dinero al cobrar tu cheque a fin de mes, apenas lo efectivizas se te esfuma de las manos. Pero cuando entras en acción y abres una cuenta de ahorro, aunque lo que vayas depositando no sea demasiado, el solo hecho de comenzar a hacerlo te hará sentir mejor y elevará tus ganas de soñar y proyectar nuevas metas.

LA DISCIPLINA EN LOS PEQUEÑOS DETALLES DURANTE TU TIEMPO DE PREPARACIÓN TERMINARÁ MARCANDO UNA GRAN DIFERENCIA MÁS ADELANTE.

Y es que el entrar en acción nos da una sobredosis de energía que aumenta nuestro rendimiento.

Algunos creen que la suerte los encontrará algún día a mitad de camino y los ayudará a llegar a donde desean. Pero en realidad las personas exitosas saben que no hay otro camino que entrar en acción, que cada es-

fuerzo por más pequeño que parezca, incrementa las posibilidades.

¿Te diste cuenta de que recién unos días después de comenzar a hacer ejercicios físicos se incrementaron tus ganas, y hasta deseas alimentarte mejor?

Guillermo fue un hombre visionario que desde un principio definió lo que quería, tomó la iniciativa, se preparó y eso lo llevó a proyectarse hacia el futuro, a trabajar y a ponerse en acción hasta lograr lo que quería realizar.

Es que el entrar en acción tiene un efecto tan positivo sobre ti que hace que en vez de cansarte tus fuerzas se incrementen y se renueven.

Así que llegó el momento: es hora de entrar en acción.

EN LAS ARENAS DEL FUTURO

Los campeones saben quiénes son, a dónde quieren llegar, y qué se necesita para llegar allí.

Definir lo que quieres alcanzar en la vida es determinante para empezar a dar los primeros pasos en las arenas del futuro. Cuando no sabes con exactitud lo que deseas para ti, cualquier ráfaga de viento te arrastrará de un lado a otro.

Con seguridad conoces muchas personas que tienen más probabilidades que tú para sobresalir en diversas áreas de sus vidas; sin embargo, no lo consiguen. La diferencia entre aquellos que lo logran y los que no es que los primeros tienen las siguientes características:

1. Saben quiénes son: Identidad.
2. Saben adónde quieren llegar: Destino.
3. Saben qué necesitan para llegar: Recursos, habilidades.

Cuando tienes un propósito en mente y estás determinado a alcanzarlo es cuando empiezas a dar los primeros pasos en tu presente.

Para convertirte en un campeón en todo lo que emprendas, más allá de que no siempre ganarás a causa de las variables que irán apareciendo, tienes que poner todo de ti y estar seguro de que has dado lo mejor, ganes o no.

CUANDO NO SABES CON EXACTITUD LO QUE DESEAS PARA TI, CUALQUIER RÁFAGA DE VIENTO TE ARRASTRARÁ DE UN LADO A OTRO

Los hombres y mujeres que se han destacado en algún área de sus vidas tuvieron que pagar el precio de la disciplina, el entrenamiento, la dedicación, la preparación, el cuidado personal, la iniciativa y otras cualidades que desarrollaron aun cuando no tenían fuerzas ni recursos, y no se presentaba un escenario favorable para ellos.

En las arenas del futuro nunca sabrás lo fuerte que puedes llegar a ser hasta que no te quede otra opción que ser lo más fuerte que puedas.

El Dr. Gregg Steinberg nos da ejemplos de cómo grandes campeones se prepararon y se lanzaron a las arenas del futuro en sus respectivas carreras deportivas. Algunos de ellos son:
Phil Mickelson, el gran golfista, realiza un ejercicio de putting en el que coloca una serie de bolas de golf aproximadamente a un metro del hueco. Tiene que acertar cien tiros en sucesión. Si falla uno, comienza otra vez desde el principio. Cuando llega a noventa, puedes estar seguro que Phil siente la presión. Pero lo que es más importante todavía, se ejercita para reaccionar bajo presión en la comodidad de una sesión de práctica.

Si juegas baloncesto, podrías hacer este ejercicio: comienza realizando diez lanzamientos libres; si fallas uno comienza otra vez desde el principio. Cuando estés llegando al tiro ocho o nueve es muy probable que sientas la presión de un juego real.

Michel Jordan convertía sus prácticas una obra maestra. Según Ed Nealy, ex compañero de Michel, Jordan llevó los entrenamientos a un nuevo nivel. Ed dice: «Deberían haber cobrado entrada para presenciar las prácticas de los Bulls porque se veía más de Michael allí que en los juegos. No importaba que hubiera jugado cinco partidos en ocho días. MJ practicaba como si fuera el último día que vestiría aquel uniforme».

Michael sabía que cuanto más arduo entrenara en las prácticas, más fácil le resultaría sentirse «cómodo en lo incómodo». Respetaba las prácticas porque era consciente de que esas sesiones podrían llevarlo al siguiente nivel si las tomaba en serio. Cuanta más presión experimentara en el entrenamiento, más fácil sería responder eficientemente bajo el cañón de un partido real.

SOPORTA LA PRESIÓN

Cuando deseas llevar una vida sobresaliente y convertirte en una persona que hace las cosas con liderazgo y excelencia, es probable que te toque enfrentar momentos de presión extrema. Querer llevar una vida de este calibre sin tener que soportar momentos de presión es como pararse debajo de la ducha, abrirla, pero no querer mojarse… ¡Resulta imposible!

La presión es parte de la vida de las personas exitosas. Si eres emprendedor, la presión estará a la orden del día.

> **LA PRESIÓN ES PARTE DE LA VIDA DE LAS PERSONAS EXITOSAS. SI ERES EMPRENDEDOR, LA PRESIÓN ESTARÁ A LA ORDEN DEL DÍA.**

Te sentirás presionado si debes rendir un examen importante, si tienes que jugar un partido definitorio, y ni hablar si te toca patear un penal en una final, o subir al escenario y hacer tu mejor presentación.

Siempre que te encuentres activo construyendo tu futuro, sentirás la presión de ese desafío, por eso es importante que seas capaz de manejar correctamente la presión y no permitir que ella te llene de ansiedad, sumiéndote en el nerviosismo y llevándote a un fracaso inminente.

La presión es parte de la vida de los emprendedores, y la puedes usar a favor, así como las águilas utilizan el viento contrario para extender sus alas y elevarse a nuevas alturas. Para ello, resulta preciso manejar de manera positiva tus ansiedades y afrontar el desafío con la determinación de hacer la mejor presentación.

Lógicamente esta presión tiene que llevarte a entrenar más y a trabajar más duro, para tener cada vez un mejor nivel en aquello en lo que te desempeñas. De esa manera, estarás usando tus temores y ansiedades a favor de una mejor preparación, lo que te conducirá a un mejor rendimiento.

Los grandes deportistas, empresarios, músicos, profesionales, y todos aquellos que han alcanzado algo en la vida, han transitado por sendas en las que tuvieron que enfrentar presiones casi insoportables.

Además de los desafíos que tendrás que enfrentar siempre que empieces a destacarte en algo, las opiniones no solicitadas comenzarán a llegar y las críticas serán el menú de cada día. Cuando esto ocurra, recuerda las palabras de Bill Cosby:

«*No sé cuál es la clave del éxito, pero la clave del fracaso es intentar agradar a todo el mundo*».

Esta es casi una constante en la vida de los emprendedores y de los que van a la vanguardia en lo que se han propuesto. Lamentablemente algunos han decidido vivir sus vidas como los cangrejos: siempre tienen entre ceja y ceja a los que han alcanzado lo que ellos anhelaban. Si colocas a varios de estos simpáticos animalitos en un balde sin tapa, ninguno de ellos podrá salir de ahí porque cuando uno se acerque al borde los demás tirarán de él hacia abajo. Esta escena grafica a ciertas personas que al ver que los demás se destacan en algún área, de manera automática los jalan hacia abajo con palabras de descrédito, falta de apoyo y críticas.

¿Has visto alguna vez como, en cuanto alguien sobresale, otros se ponen celosos de su éxito e intentan hundirlo?

Cuando eres excelente, los mediocres te critican porque los haces quedar mal.

El Dr. Lucas Leys en su libro *Viene David* afirma que cuando empiezas a hacer cosas que otros no están haciendo vas a recibir críticas. Y que es seguro que en algún momento tendrás que estar frente a frente con esas personas; la clave es quitarles sus culpas y mirarlos como a hermanos. Si los miras como a culpables, como adversarios personales, vas a dejar que se conviertan en una fuerza que contamine tus intenciones. La venganza y la vanidad empezarán a ser parte de tus motivaciones y finalmente empezarás a ser tú la persona culpable.

Los que te tienen envidia y te critican son admiradores secretos que no pueden entender cómo es que te va bien y otros te aprecian.

Recuerda la historia de Daniel capítulo seis. Lo puedes ver en el foso con los leones. ¿Por qué lo arrojaron ahí? ¿Qué hizo para merecer estar en ese lugar? Es simple: resultaba excelente en todo lo que hacía, era confiable, fiel, en él había un espíritu superior, y servía a Dios continuamente, según señalan algunos versículos. Y fue promovido por el rey de turno a jefe de todos los altos mandos del imperio. Le iba tan bien que sus admiradores secretos ya no aguantaban que se destacara de esa forma, su éxito los lastimaba, hasta el punto en que buscaron la manera de tenderle una trampa para librarse de él.

Pero se olvidaron de un detalle: Dios honra a los que le honran. Conocemos el final de la historia. Dios envió su ángel para tapar la boca de los leones. Daniel usó algún león rellenito como almohada y al otro día salió ileso y victorioso. Y su ascenso fue inminente.

Olvídate de las voces que siempre salen a opinar o criticar, mantén una actitud de humildad, recuerda que la humildad luce más aun en personas exitosas. No provoques celos en los demás por deporte, evalúa tus motivaciones y mantén la sencillez de corazón. Soporta la presión del qué dirán y enfócate en seguir haciendo lo que tienes que hacer para cumplir tus sueños.

MANTÉN UNA PERSPECTIVA POSITIVA

«Estoy sumergido en la adicción al alcohol y las drogas porque mis padres nunca me dedicaron tiempo. Ellos son los culpables de que yo viva como vivo».
¿Crees que pensando de esta manera tu estilo de vida mejorará?

«Voy a reprobar matemáticas porque el maestro se las tomó conmigo, tiene sus preferidos en la clase y yo no soy santo de su devoción».
Con esa actitud, ¿te parece que tendrás alguna oportunidad de superación?

«No voy a la iglesia porque ahí son todos hipócritas. Me gustaría estar en una iglesia, pero es que todos allí son insoportables, prefiero vivir como lo hago». Siguiendo esa línea de pensamientos, ¿consideras que algo cambiará para que seas parte de una iglesia perfecta?

«Mis amigos no me comprenden, son todos superficiales, así no se puede desarrollar una amistad». ¿Piensas que culpando a los demás disfrutarás de una de las etapas más emocionantes de tu vida?

«No me va bien económicamente porque mi jefe solo le da la oportunidad a Francisco, que él es su consentido, y a mí, que hago el mismo trabajo o mejor, me paga menos».

¿Te parece que con un pensamiento así pondrás tu mejor empeño para convertirte en candidato a un aumento salarial?

SOPORTA LA PRESIÓN DEL QUÉ DIRÁN Y ENFÓCATE EN SEGUIR HACIENDO LO QUE TIENES QUE HACER PARA CUMPLIR TUS SUEÑOS.

Aunque algunas actitudes y reacciones parecen ridículas, es notable ver cómo muchos viven sus mejores años arrojando por la borda todos sus sueños, escondidos tras sus frustraciones, culpando a los demás por sus desgracias, como si ello contribuyera a salir de la situación en la que se encuentran.

En las arenas del futuro no hay lugar para las excusas. No puedes perder el tiempo buscando culpables y señalando a medio mundo como responsable de tus fracasos o de las situaciones adversas que te toca vivir. Cuando te preparas para afrontar tu futuro correctamente, entiendes que no hay tiempo para esas tonterías que no conducen a nada. Sabes que cada esfuerzo, cada paso, cada granito de arena, te acerca a lo que te has propuesto.

«La vida es muy corta para las excusas. Define tus metas y ve tras ellas». decía Ron White

No importa cuál es tu situación actual, si has planificado cada detalle y todo ha salido como si nunca lo hubieras hecho. A veces ocurre que pones todo tu esfuerzo, esmero y atención en algo en particular. Te esfuerzas, te desvelas, inviertes tiempo y recursos, y aun así cuando llega el momento te das cuenta de que todo salió de la manera menos esperada, como si nunca te hubieses preparado para tal acontecimiento. Es difícil digerir que las cosas no salgan como lo planeábamos, pero en nuestro presupuesto de vida tenemos que contemplar que este tipo de situaciones a veces ocurren.

Te preparas con tiempo, dedicación y abundante café para acompañar tus estudios hasta prolongadas horas de la madrugada para un examen definitorio, y el resultado que obtienes es como si la noche anterior hubieras ido al cine o a algún estadio de fútbol, haciendo cualquier cosa menos estudiar para la gran prueba.

Vas a jugar un partido determinante, entrenas por horas, cuidas tu alimentación, duermes las horas suficientes, y estás concentrado en el día de la gran final.

Cuando suena el pitazo que marca el inicio de la competencia, da la sensación de que no hiciste nada para rendir acorde al desafío final que estás viviendo. Y al terminar la jornada resulta que tienes el peor rendimiento de los últimos veinte partidos que has jugado. Eres músico, tienes talento, y llega el festival de fin de año en el que debes hacer tu mejor presentación. Te has dedicado el año entero a mejorar tu técnica, y le has puesto empeño a ajustar los detalles para que todo salga magistralmente bien. Apenas escuchas tu nombre, apareces en escena, y a los pocos minutos te encuentras sentado detrás del escenario pensando y buscando una explicación para lo que pasó con toda la preparación que tenías. Parecería que las horas de ensayo se hubieran esfumado como los pocos segundos que duró tu actuación cuando te llamaron por tu nombre. Simplemente esa noche las cosas no salieron como esperabas.

Me ha tocado un par de veces vivir el sabor frustrante de haberme preparado con toda seriedad para un acontecimiento y ver cómo casi lo eché a perder, como si no me hubiera capacitado.

NO IMPORTA CUÁL ES TU SITUACIÓN ACTUAL, SI HAS PLANIFICADO CADA DETALLE Y TODO HA SALIDO COMO SI NUNCA LO HUBIERAS HECHO

En la última década paso la mayor parte de mi tiempo compartiendo conferencias para jóvenes y líderes a lo ancho y largo del continente. Una buena parte del año estoy fuera del país.

Hace unos años estábamos preparando un gran evento a nivel nacional en unos de los hoteles mejor cotizados de la ciudad en la que vivo. Líderes de diversos puntos del país asistirían a esa capacitación en la que me tocaba exponer en una de las plenarias generales, a la par de los invitados internacionales.

Durante todo aquel año, cada vez que viajaba y debía

predicar en los distintos países y lugares, permanentemente tenía en mente que en el inicio del siguiente año iba a participar de esta conferencia en la que habría que dar un mensaje desafiante y contundente. Así que con mucho entusiasmo me preparaba conforme avanzaban los meses, mientras esperaba ansioso la fecha de la presentación.

Finalmente llegó el gran día, la fecha esperada, que tantas veces había revisado en mi calendario. Ese sábado estaba totalmente convencido de todo lo que quería hablar, hasta segundos antes de subir al escenario.

No sé cómo sucedió ni qué fue lo que pasó. Pero aunque tenía unas presentaciones de apoyo y todo el acompañamiento multimedia que requiere una buena conferencia en estos tiempos (que no funcionó, dicho sea de paso), esa mañana se me mezclaron las ideas, dije todo lo que no iba a decir, y dejé de lado todo aquello que había preparado para predicar. Unos minutos después me encontraba al lado del escenario, con la mirada perdida, pensando en dónde había quedado todo lo que había preparado para ese día. Algunos minutos más tarde, mis amigos me dijeron que la ponencia había estado fabulosa, pero en mi interior sabía que no era lo que yo esperaba para aquel gran acontecimiento. Gracias a Dios y con su favor, no pasó de ser una anécdota negativa que pronto con muchas ganas fui minimizando, y aprendí que este tipo de cosas simplemente pasan. Hoy solo es un gracioso recuerdo de una mala tarde. No fue la primera vez, y definitivamente no será la última vez que me ocurra algo así.

A veces ciertas situaciones se escapan de nuestros planes. Y aunque queremos dirigir nuestro barco hacia un puerto que creemos conocer, vientos sorpresivos nos desvían momentáneamente de nuestra ruta, llevándonos a encallar en algún lugar desconocido. Suele pasar. Ocurre. Y le sucede a cualquiera.

Cuando te toque transitar por ese oscuro camino, recuerda que es solo una parada hacia lo que te has propuesto. Un pequeño desvío. No quiere decir que hayas perdido el rumbo. Un obstáculo en el camino no significa que no seas capaz de sortearlo y llegar al lugar deseado. Cuando estés viviendo este tipo de experiencias no dejes que nublen tu visión ni que te estanquen en tu caminar; mantén la perspectiva correcta siempre. Pero, por sobre toda las cosas, no uses las situaciones adversas para justificar tu frenada o estancamiento.

Siempre que falles, hazte cargo de tus actos, asume la responsabilidad de lo que hiciste y plantéate la manera de asegurarte que no vuelva a ocurrir. Esto es lo que diferencia a una persona promedio de una persona exitosa; y por el amor de Dios, no te escondas detrás de las excusas.

LOS GRANDES PREMIOS Y RECOMPENSAS SON PARA RETRIBUIR LOS ESFUERZOS, NO LAS EXCUSAS

Recuerda: los grandes premios y recompensas son para retribuir los esfuerzos, no las excusas.

Muchas veces las cosas no salen como pensamos, pero cuando estamos enfocados en superarnos, todas nuestras experiencias, ya sean éxitos o fracasos, se convierten en pequeños granitos de arena que se van juntando y dándole forma a nuestro futuro.

NO DESISTAS

Alguien dijo alguna vez que los ganadores hacen lo que los perdedores no quieren hacer por más tiempo. Tienes que continuar. A veces se presentan variables en nuestras vidas que nos quieren desanimar, y la tentación de desistir está a la orden del día. Pero en momentos como esos es cuando se diferencian los ganadores de los perdedores. De modo que, mientras que algunos se dejan avasallar por sus problemas, otros comienzan a generar oportunidades de superación en medio de la adversidad.

Así que si estás viviendo un momento adverso, no te rindas. Y si aún no te ha tocado atravesarlo, prepárate y fortalécete de antemano para cuando llegue el momento.

Recuerda estas brillantes palabras de Teodoro Roosevelt:

«Los campeones no se hacen campeones en el cuadrilátero; allí solo obtienen el reconocimiento. No es la crítica lo que cuenta, ni lo es quien señala cómo el fuerte se tambalea y dónde el que pega más duro pudo hacerlo mejor. El crédito corresponde al hombre que está en la arena, cuya cara está estropeada por el polvo, el sudor y la sangre; quien batalla valientemente; quien comete errores y fracasa muchas veces; quien conoce los grandes entusiasmos, las grandes devociones y se desgasta en una causa digna; quien, en el mejor de los casos conoce al final el triunfo de una gran conquista; y quien, en el peor de los casos, si fracasa, al menos fracasa habiendo hecho su mejor esfuerzo, de modo que su lugar nunca estará con las almas frías y tímidas que no saben de victorias ni de derrotas».

Al final, la vida un día obligará a aquellos que hoy te dan la espalda a mirarte a la cara. Recuerda la vida de José: Lo vendieron sus propios hermanos y lo despreciaron, pero a la larga fueron a pedirle ayuda a ese mismísimo José. ¿Qué hizo él? Soportó la presión del deseo de venganza y mantuvo la perspectiva correcta de lo que había vivido. No desistió, alcanzó sus sueños y compartió sus logros con todos, aún con aquellos que le hicieron tanto daño: sus hermanos. No olvides que solo serás vencido el día en que decidas renunciar y tirar la toalla.

DIRECTOR

LUZ, CÁMARA, ¡ACCIÓN!

Tener auto propio, ahorrar dinero, conseguir un mejor trabajo, conquistar a la persona que tanto te gusta, comer sanamente, aprender otros idiomas, bajar de peso, hacer ejercicios, ganarte la confianza de tus padres, viajar a ese lugar que tanto has soñado, son algunas de las metas que cada vez que empieza un nuevo año nos proponemos.

John C. Maxwell nos hace ver una verdad de manera práctica en esta frase: «Los sueños no funcionan a menos que tú funciones». No esperes a que las condiciones se den para comenzar a actuar, porque no será así.

Un asesor de negocios llamado Les Brown lo expresó de esta manera: «Averigua lo que quieres y ve tras eso como si tu vida dependiera de ello. ¿Por qué? ¡Porque realmente es así!». La acción es la clave para que los sueños se hagan realidad.

LA ACCIÓN ES LA CLAVE PARA QUE LOS SUEÑOS SE HAGAN REALIDAD.

Entonces, ¿qué estás dispuesto a hacer para lograr tu sueño?
¿Estás preparado para pasar largas horas de arduo trabajo sin recibir paga?
¿Ves cada situación como una ocasión de ganar dinero o de desarrollar tus talentos?
¿Consideras cada oportunidad como un escalón que te acercará a tu sueño?

«No tengas miedo de dar lo mejor de ti en las pequeñas cosas. Cada vez que logras algo te vuelves más fuerte. Si haces las pequeñas cosas bien, cuando tengas que llevar a cabo algo grande te resultará muy fácil».
Dale Carnegie.

¿Puedes imaginar cómo sería tu vida si cada día fueras capaz de descubrir cuál es la acción que tienes que ejecutar de manera persistente para acercarte a tus metas, por pequeña que parezca?¿Cómo sería esto en un mes?

Si continuaras persistiendo, ¿cómo sería tu vida de aquí a tres meses? ¿Cómo sería en seis meses? Y si tienes la determinación de ser consistente en seguir desarrollando los hábitos y las acciones que te faltan para avanzar día a día, ¿cómo sería tu vida de aquí a un año o a cinco años más?

Esa es la mejor y más sencilla manera de construir y diseñar tu futuro. La suma de las pequeñas decisiones y las pequeñas acciones que tomes hoy le dan forma a tu destino y dibujan tu porvenir.

No estoy tratando de decirte que todos los días tienes que dar pasos gigantes y complejos en pos de tus metas, más bien estoy sugiriéndote a que puedes desarrollar pequeñas acciones, simples hábitos, solo algunos minutos de tiempo y dedicación diaria, que te permitan movilizarte consistentemente hacia lo que te has propuesto.

La diferencia entre lo ordinario y lo extraordinario es ese pequeño «extra», ese plus personal que te distingue de los demás.

Fijarse metas es muy sencillo y lo hace todo el mundo, pero el verdadero desafío es alcanzarlas, y para eso es preciso tomar decisiones y acciones cotidianamente que te permitan lograrlas.
Napoleón Hill decía: «Una meta es un sueño con fecha de entrega».

Sigue soñando y proyectándote hacia grandes logros. Un sueño nos enciende, nos revitaliza, hace florecer nuestros dones y talentos, eleva nuestro ánimo, nos inspira, nos impulsa y nos desafía a ascender sobre las circunstancias, nos permite vislumbrar nuestro futuro, y le da razón a nuestra existencia.

Por eso Alvin Tofler lo planteaba de la siguiente manera:

«Debes pensar en cosas grandes mientras haces cosas pequeñas, así las cosas pequeñas irán en la dirección correcta».

A medida que vas trabajando en tus metas se hace necesario revisarlas, evaluarlas, corregirlas y actualizarlas continuamente. En algunos casos, ya en el camino avanzado, resultará preciso eliminar las que no contribuyen a tus objetivos.

Al ir progresando tenazmente, tómate tiempo para festejar cada logro, recuerda que no todo tiene que salir perfecto; pero si puedes, festeja, ajusta, mejora y sigue desarrollándote.

No olvides que siempre es posible aprender de los logros y fracasos. Que hayas alcanzado varias metas propuestas no significa que hayas llegado a tu techo. No te duermas en los laureles, sigue trabajando, trazando planes y proyectando metas mayores, ya que la clave de vivir al máximo tu vida es seguir creciendo cada día sin límites.

> **QUE HAYAS ALCANZADO VARIAS METAS PROPUESTAS NO SIGNIFICA QUE HAYAS LLEGADO A TU TECHO**

De modo que, festeja brevemente tus logros y proyéctate a seguir creciendo en mayores latitudes. Henry Ford decía: «He observado que la gente más exitosa saca ventaja durante el tiempo que los demás desperdician».

Tienes que seguir proyectando, aprendiendo y creciendo. El soñar y fijarse metas tiene un costo, requiere dedicación, enfoque, disciplina, inversión, recursos. Implica tiempo, entrenamiento, asumir riesgos y muchas veces sentir la soledad, ya que no te acompañará demasiada gente en la aventura de ir en pos de lo que te has propuesto.

Es en este punto en el que muchos dejan de creer en sus sueños y dan un paso al costado, es aquí donde se traza la línea entre los que viven de ilusiones y los que establecen la ruta que los lleve a vivir por encima del promedio.

La vida es una cuestión de elecciones. Aprender a elegir correctamente es su esencia, y es en las acciones cruciales en las que descubres los planos para una existencia sobresaliente, y desarrollas y forjas el carácter que se requiere para llevar este tipo de vida.

Siempre que me tracé metas para lograr los sueños que Dios me dio, con su ayuda, mis expectativas han sido superadas totalmente. Por supuesto que eso ha representado un arduo trabajo en varias facetas de mi vida, en las que fui confrontado en mi fe y tuve que accionar muchas veces asumiendo innumerables riesgos.

En estas experiencias he aprendido, luego de aciertos y errores, que a veces cuando no se asumen riesgos ¡uno empieza a perder! Deja escapar posibilidades únicas en la vida, pierde el privilegio de aprender, de crecer, de vencer sus temores, miedos y frustraciones, no quiere innovar, estanca su imaginación, no avanza sino que retrocede, no experimenta, no lucha, pierde oportunidades que tal vez nunca vuelvan.

En cambio, si uno se arriesga, aunque no alcance específicamente aquello por lo que se jugó, gana experiencia, fortaleza, aprendizaje, entusiasmo y coraje para seguir por la senda de la realización de sus sueños.

Sueña en grande, pero no dejes que los destellos de ese sueño te encandilen de modo que no veas el valor de los pequeños pasos. Las acciones diarias y las metas logradas, podrán parecer insignificantes ante la magnitud de tu sueño, pero serán finalmente los pequeños trozos de madera que usarás para construir el puente que te permita atravesar el revoltoso y agitado río de la vida, rumbo al futuro que buscas.

No olvides que Dios nos invita a soñar en grande, a escalar imposibles, pero todo tiene que empezar en algún punto de partida, y el mejor punto de partida que puedo sugerirte es: ponte metas claras y abócate ya mismo a trabajar en ellas.
Recuerda:

«Cada acción en nuestras vidas toca alguna cuerda que vibrará en la eternidad».
Edwin Hubble Chapin

DESAFÍA AL FUTURO

MANOS A LA OBRA, LLEGÓ LA HORA DE LA ACCIÓN:

- Las metas te permiten ampliar las posibilidades de poner en marcha tus sueños.

- Las metas hacen que puedas divisar hacia dónde te diriges.

- Las metas te ayudan a enfocarte, y eso repercute directamente sobre tus acciones.

- Trata de alcanzar la mayor cantidad de las pequeñas metas que te hayas propuesto y estarás cada vez más cerca de realizar tus sueños.

- Cuando vas avanzando en el logro de tus metas, por más pequeñas que sean, ellas se convertirán en un motor que te impulse a continuar cuando se presente algún obstáculo en el camino.

- Las metas ayudan a ordenar tus prioridades y te orientan acerca de cómo ocuparte de ellas.

- Las metas te mantienen en movimiento y atento a tu presente, de modo que no pierdas de vista tu futuro.

- Las metas permiten que te des cuenta cuándo te has desviado de tu destino.

- Puedes tener un sueño muy grande, pero solo se hará realidad si creas un nexo que te lleve de las ilusiones de tu vida hasta las pequeñas acciones que debes desarrollar para lograrlo, y ese nexo son tus metas.

- Escríbelas. Que sean alcanzables, realizables y que no dependan de otros para lograrse. Pégalas en varios lugares donde las veas periódicamente.

- Tus metas tienen que ser medibles, de manera que te permitan festejar cada logro que vayas alcanzando.

- Tienen que estar claramente definidas de modo que resulte sencillo evaluar si las has alcanzado o no.

ACCIÓN | Manos a la obra, llegó la hora de la acción

- Tus metas tienen que tener un plazo o una fecha de vencimiento de manera que seas capaz de medir lo cerca o lejos que estás de alcanzarlas.

- La clave no es solo establecer metas sino empezar a accionar.

- Conversa constantemente con alguna persona que te monitoree y evalúe tus movimientos en relación con tus metas.

MANTENER EL CURSO

ALTO VUELO

Abres la puerta al futuro con tu actitud, le das forma con tus decisiones y te adueñas de él con tus acciones.

Estoy en un vuelo desde Los Ángeles, Estados Unidos, a Santiago de Chile. El piloto acaba de anunciar que serán trece horas de vuelo aproximadamente, luego en Chile tengo que abordar otro avión que me llevará a Asunción del Paraguay, ciudad en la que vivo. Mientras el avión va tomando la altura indicada para volar a destino, pienso en el trabajo que tendrá el piloto durante todas las horas en las que estemos en el aire. No puedo evitar considerar la analogía que existe entre ese trabajo y el de cumplir las metas que nos hemos trazado. Para graficar mejor esta idea, nada mejor que una de las metáforas favoritas de Leo Alcalá sobre el recorrido que un avión hace entre dos puntos. Él lo plasma de esta manera:

EL PLAN DE VUELO DETERMINA CON PRECISIÓN UNA RUTA AÉREA A SEGUIR.

«¿Sabías que un avión, una vez que despega y hasta que aterriza, va a pasar el noventa y cinco por ciento del tiempo fuera de rumbo? El piloto, antes de salir, prepara el vuelo y define un plan con la intención de desplazarse de manera óptima entre el origen y el destino.

El plan de vuelo determina con precisión una ruta aérea a seguir. Pero es solo eso, una expectativa. La realidad del proceso es otra. Desde que el avión despega, digamos que de la ciudad de Caracas, hasta que aterriza en Miami, por ejemplo, el piloto va a encontrar que se desvía constantemente del camino ideal que se ha propuesto.

Resulta que viene un viento que no se había previsto y empuja a la nave. El avión comienza a desviarse de la línea recta virtualmente trazada en el aire. Unos kilómetros más adelante, un cambio de presión atmosférica induce otras variaciones en la trayectoria. Así y constantemente durante el trayecto del vuelo, el avión se mueve y se sale de curso.

¿Cómo es que una nave que pasa el noventa y cinco por ciento del tiempo fuera de curso logra aterrizar, tres horas después, en nuestro ejemplo, exactamente en el destino que había determinado?

¿Qué le permite al avión "dar en el blanco" aun cuando no logra mantenerse por mucho tiempo en su línea de vuelo?

Una de las claves: *corregir*. Constantemente el piloto, o la computadora de vuelo, están corrigiendo el curso. Pero ¿qué les permite corregir? No se puede hacer nada ante aquello de lo que no se es consciente. Solo es posible enderezar aquello que se percibe como desviado».

Pero la toma de consciencia es el resultado de un proceso de pensamiento previo: la evaluación entre el plan y los hechos.

Volvamos al avión. Recapitulemos el proceso. El piloto diseña su plan de vuelo. El avión despega y pronto comienza a desviarse por impredecibles situaciones. Rápidamente el piloto, o su computadora, se dan cuenta de la desviación gracias a que con cierta frecuencia están comparando el plan con la trayectoria real. Inmediatamente se hace la corrección para reincorporar la nave a la ruta ideal. Ese proceso se repite cientos o miles de veces hasta que se aterriza justo donde se quería.

El proceso incluye:
- Clarificar el destino al que se desea llegar y planificar la mejor ruta para alcanzarlo.
- Comenzar a ejecutar el plan.
- Evaluar constantemente para detectar desviaciones.
- Corregir de inmediato.
- Seguir ejecutando el plan.
- Perseverar con la evaluación, corrección y ejecución del plan hasta alcanzar el destino.

Podemos puntualizar aquí varias claves:

Las desviaciones se anticipan. Son esperadas y aceptadas como parte natural del proceso. Por eso mismo, la evaluación es continua y frecuente.

Por ejemplo, te fijaste una meta a fines de año (típicas de esa época son las frases: «En enero comienzo...», «En enero dejo... »); sin embargo, ¿cuándo vuelves a revisar si la has alcanzado o no? ¡El próximo diciembre! Ya se te fue un año. La desviación es demasiado grande. Lo que te queda es volver a incluir la meta en el plan para el próximo calendario.

> **LA TOMA DE CONSCIENCIA ES EL RESULTADO DE UN PROCESO DE PENSAMIENTO PREVIO: LA EVALUACIÓN ENTRE EL PLAN Y LOS HECHOS.**

Imagina si, en vez de evaluar una vez al año, te tomaras el tiempo para reflexionar una vez al mes sobre tu desempeño y sobre cuánto te has acercado o distanciado de tus objetivos. De ese modo lograrías multiplicar por doce las probabilidades de éxito. ¿Y si adquirieras el hábito de revisarte una vez a la semana? ¡Tendrías cincuenta y dos veces más chances de alcanzar tu destino!

No sé si te habrás dado cuenta de que la metáfora del avión incluye, para mí, una extraordinaria y liberadora noticia: Para lograr el éxito no hace falta ser perfecto. Lo que el éxito requiere de ti es que te adueñes del proceso de logro con consciencia y constancia.

¿Cómo es posible salirse del camino y aun así llegar a destino? Evaluando y corrigiendo continuamente. No dejando tu éxito librado a la suerte sino adueñándote del proceso que implica estar encima de tu desempeño. Sin emitir juicios. Aceptando el error, la desviación y el encuentro con lo inesperado, pero haciéndote responsable de lo que te toca: perseverar con inteligencia hasta triunfar.

Puede que hayas comenzado una carrera universitaria. Las cuotas son elevadas y te das cuenta de que no te encuentras en el escenario ideal para convertirte en un estudiante universitario. Las cosas en casa no van muy bien, y además tus notas durante los primeros semestres han sido paupérrimas. Mejor que en tu casa ni se enteren porque tus padres te reclamarán.

Todavía estás a tiempo de corregir el rumbo de tus estudios. Será preciso que administres un poco mejor tu tiempo. Hacer un esfuerzo extra para ayudar con los gastos, ver menos horas de televisión con tus amigos, y encarar algunas cargas horarias de repaso de clases con ellos, podría hacer girar el timón para que retomaras la ruta.

Empezaste un noviazgo sin estar convencido de estar enamorado. Pasaron los meses y estás muy involucrado, pero las dudas con respecto a tus sentimientos han aumentado. Ella se muestra muy ilusionada y con planes de casamiento; no tienes forma de hacerle ver que no ocurre lo mismo contigo. Todavía estás a tiempo de corregir el rumbo de tu vida. Puedes poner todas las cartas sobre la mesa, distanciarte por un tiempo, buscar la ayuda de algún adulto, líder o amigo que sea un ejemplo de vida para ti, y volver a encauzar tu vida hacia los sueños que tienes.

Eres alguien al que le gusta compartir y ser un buen amigo, pero te has envuelto en situaciones que involucran vicios a los que alguna vez juraste no exponerte. Hoy sabes que eres adicto y que esto está poniendo en riesgo no solo tu integridad física, sino la esencia de tus sueños de juventud. Parece que te has desviado totalmente de tu mapa de ruta inicial, pero todavía se puede corregir. Tienes que tener el valor de cortar con aquello que te está robando las bendiciones de Dios para ti. Deshazte de todo aquello que te lleva a los vicios, busca ayuda. Recupera el timón de tu vida. Nadie más que tú puede hacerlo. Es momento de renunciar y corregir el rumbo.

TODAVÍA ESTÁS A TIEMPO DE CORREGIR EL RUMBO DE TU VIDA

Hasta hace un tiempo compartías actividades que sabías que no agradaban a Dios y que iban en contra de sus planes para tu vida. Pero empezaste a retomar tu camino haciendo lo correcto. Los cuestionamientos y las duras críticas de tus amigos no se hicieron esperar. Empezaron a llamarte santurrón, Madre Teresa, afeminado y todos los calificativos que le dicen a alguien que quiere hacerlo correcto. No aguantaste y volviste a abandonar los caminos de Dios a causa de los agravios. Consideras que como le diste la espalda a Dios dos veces, eres un hipócrita, que es lo que te dicen tus amigos. Pero todavía estás a tiempo de corregir tu rumbo. Nada está perdido, hay una oportunidad más. No importa cuantos años hayas vivido alejado de lo que Dios quería para ti. Una decisión, un paso más, una milla extra, un último esfuerzo puede encauzar finalmente tu rumbo.

Entonces ¿qué harás hoy para corregir tu vida, orientándola hacia tus metas y sueños?
¿Te vas a equivocar? Seguro que sí. ¿Algunas cosas no saldrán como esperabas? Dalo por hecho. ¿Habrá gente que te critique? Es muy probable, ya que es el pasatiempo preferido de los que no logran nada en la vida.

Entonces, ¿qué harás al respecto? ¿Abandonarás todo a mitad de camino? ¿Postergarás tus anhelos hasta encontrar el escenario ideal para plasmarlos? ¿Dejarás escapar las oportunidades a causa del temor al qué dirán o a las críticas, relegando tus planes y aumentando así la distancia que existe entre tus ideales y tú?

¡No lo permitas! No esperes que todo juegue a tu favor, asegúrate de mantenerte en acción y movimiento. Lucha, persevera, haz los ajustes y correcciones, y no bajes los brazos.

Sueña en grande, establece metas, trabaja en ellas, descubre tus talentos, estruja tu imaginación, renueva tu mente, aprende de tus errores, vislumbra un nuevo horizonte, rodéate de buenos amigos, cree, anímate, lánzate... y ¡vuela alto!

Son las siete de la mañana, es domingo de resurrección, Semana Santa, y estoy en mi habitación sobre la costa del Pacífico, en Guatemala. Anoche releí un antiguo libro de Max Lucado sobre los hechos que ocurrieron en los días de la crucifixión y resurrección de Cristo.

En mi mente no dejan de dar vueltas algunas de las reflexiones de Max y el versículo del Evangelio de Marcos en el amanecer del día de resurrección, en el que los ángeles les dicen a las mujeres: «Pero vayan y díganle a sus discípulos, y a Pedro: "Él va delante de ustedes a Galilea"», Marcos 16:7.

Para dimensionar el significado de estas palabras tendríamos que remontarnos al inicio de la historia de la vida de Pedro y su relación con Jesús.

Cuando Jesús y Pedro tuvieron uno de sus primeros encuentros, Pedro y sus compañeros habían estado toda la noche tratando de pescar, y no habían tenido éxito. Jesús, un carpintero de profesión, les dio instrucciones y gracias a ellas realizaron una gran pesca. Parece que aunque Pedro era un gran pescador, no le iba muy bien últimamente (Lucas 5:1-11).

Luego de un tiempo de amistad, hay registros bíblicos que dejan entrever que Pedro tuvo la brillante oportunidad de demostrar que utilizaba muy bien sus palabras en los momentos exactos, amagando con convertirse en un gran predicador. Pero no fue así. Él normalmente hablaba y actuaba antes de pensar(Marcos 8:32-33).

Uno podría imaginarse a un Pedro fornido, con grandes aptitudes físicas, un gran atleta. Pero tampoco era el caso, ya que cuando él y Juan se enteraron de la resurrección, «*ambos fueron corriendo, pero como el otro discípulo corría más aprisa que Pedro, llegó primero al sepulcro*» (Juan 20:4).

Jesús empezó a trabajar con Simón (cuyo nombre significaba «cañada llevada por el viento») y le dijo: «Tú serás Pedro» (Piedra). Pedro tenía algunas actitudes que debían ser tratadas para que llegara a ser el hombre que marcaría al cristianismo para siempre. Lo que ocurrió con él puede suceder contigo: *Si no crees en Dios, ¿cómo vas a creer en ti mismo, si Dios te creó?* Tienes que creer en que Dios quiere darte la oportunidad.

Jesús lo incluyó en su círculo íntimo de amigos, y en los tres años de ministerio de Jesús, Pedro fue uno de los que más compartió con él. Cuando llegó el momento crucial en el que Pedro debía demostrar su lealtad y la fortaleza de su amistad, se desmoronó, dejando que el viento se llevara sus palabras y negó a Jesús, traicionándolo y dejándolo solo ante una situación que ameritaba que él estuviese al lado de su Maestro.

¿Qué pasa cuando haces tu mejor esfuerzo y el resultado es el peor? Hay días en los que parece que Dios quiere gastarnos una broma. Estoy seguro de que más de una vez te ha pasado. En la vida de Pedro se estaba volviendo una constante.

Luego de la crucifixión y muerte de Jesús empezó un nuevo amanecer en la vida de Pedro. La mañana de la resurrección venía cargada con un montón de sorpresas inesperadas. Después de todo, ¿quién aguarda buenas noticias luego de rotundos y constantes fracasos?

En un momento como ese el mensaje llegó del cielo con el versículo de Marcos 16:7, «Pero vayan a decirles a los discípulos, y a Pedro: "Él va delante de ustedes a Galilea"».

Ese mensaje era para Pedro, para que supiera que no había sido dejado de lado. Que luego de sus noches más oscuras, la magia de una nueva oportunidad tocaba su puerta.

Tras el mensaje celestial para este hombre de hombros caídos y mirada perdida, queda registrado en el Evangelio de Juan uno de mis capítulos preferidos de la Biblia, en el que empieza un nuevo amanecer luego de una noche para el olvido.

> **DESPUÉS DE TODO, ¿QUIÉN AGUARDA BUENAS NOTICIAS LUEGO DE ROTUNDOS Y CONSTANTES FRACASOS?**

Pedro había decidido volver a su vieja profesión de pescador, ya que como seguidor de Jesús se sentía un fracaso. Esa mañana la silueta del Maestro se recortó en la costa en la que Pedro y los otros discípulos habían intentado pescar toda la noche sin buenos resultados. A esa altura no les parecía raro. A juzgar por los últimos resultados, era una constante que en la pesca cada vez les fuera peor.

Pero Jesús fue más allá del fracaso de aquel hombre. Él mismo preparó un desayuno para su amigo; sí, para Pedro, aunque él lo había negado y abandonado. Jesús lo estaba esperando y no con reproches, sino con una sabrosa comida.

Pero dejemos que las palabras del Evangelio de Juan nos cuenten los detalles y que estas líneas nos vuelvan a gritar hasta dónde Jesús puede ir por un amigo:

Juan 21:1-15

«Después de esto Jesús se apareció de nuevo a sus discípulos, junto al lago de Tiberíades. Sucedió de esta manera: Estaban juntos Simón Pedro, Tomás (al que apodaban el Gemelo), Natanael, el de Caná de Galilea, los hijos de Zebedeo, y otros dos discípulos.
—Me voy a pescar —dijo Simón Pedro.
—Nos vamos contigo —contestaron ellos.
Salieron, pues, de allí y se embarcaron, pero esa noche no pescaron nada.
Al despuntar el alba Jesús se hizo presente en la orilla, pero los discípulos no se dieron cuenta de que era él.
—Muchachos, ¿no tienen algo de comer? —les preguntó Jesús.
—No —respondieron ellos.
—Tiren la red a la derecha de la barca, y pescarán algo.
Así lo hicieron, y era tal la cantidad de pescados que ya no podían sacar la red.
—¡Es el Señor! —dijo a Pedro el discípulo a quien Jesús amaba.
Tan pronto como Simón Pedro le oyó decir: "Es el Señor", se puso la ropa, pues estaba semidesnudo, y se tiró al agua. Los otros discípulos lo siguieron en la barca, arrastrando la red llena de pescados, pues estaban a escasos cien metros de la orilla. Al desembarcar, vieron unas brasas con un pescado encima, y un pan.
—Traigan algunos de los pescados que acaban de sacar —les dijo Jesús.

Simón Pedro subió a bordo y arrastró hasta la orilla la red, la cual estaba llena de pescados de buen tamaño. Eran ciento cincuenta y tres, pero a pesar de ser tantos la red no se rompió.
—Vengan a desayunar —les dijo Jesús.
Ninguno de los discípulos se atrevía a preguntarle: "¿Quién eres tú?", porque sabían que era el Señor. Jesús se acercó, tomó el pan y se lo dio a ellos, e hizo lo mismo con el pescado. Ésta fue la tercera vez que Jesús se apareció a sus discípulos después de haber resucitado.
Cuando terminaron de desayunar, Jesús le preguntó a Simón Pedro:
—Simón, hijo de Juan, ¿me amas más que éstos?
—Sí, Señor, tú sabes que te quiero —contestó Pedro.
—Apacienta mis corderos —le dijo Jesús».

Los primeros versículos del capítulo 21 de Juan establecían el escenario para la conversación de Jesús con Pedro. Estaban en la barca como a unos cien metros de la costa. Vieron una silueta en la playa. Pedro se arrojó al agua y, al acercarse a la orilla, divisó una fogata con carbón ardiendo sobre algunas piedras.

Se sentía un delicioso aroma a pescado asado y sobre las brasas también había pan calentito listo para comer. Jesús había preparado un buen desayuno para compartir con sus amigos, en especial con Pedro, por lo que le quería decir.

Cuando terminaron de desayunar y todos se habían calentado con la fogata y se encontraban saciados, Jesús fue a caminar solo con Pedro por la orilla del mar. Al principio Pedro se entristeció pensando que Jesús dudaba de él y por eso le preguntaba tantas veces si lo amaba. Pero después se alegró de que Jesús le hubiera dado tres oportunidades de declararle su amor, como para borrar aquellas tres veces que había negado conocer a su Maestro. A esa altura, poco a poco, Pedro empezaba a sentirse aliviado y agradecido.

Esa mañana, como la niebla se esfumaba suavemente dando paso al amanecer, las dudas de Pedro comenzaron a disiparse. Una nueva oportunidad le empezaba a calentar el alma, como las brasas habían entibiando su cuerpo.

Una cosa era decir que amaba a Jesús, pero la verdadera prueba de ello radicaba en la disposición a servirlo. Eso fue lo que ocurrió con Pedro, que a pesar de sus dudas y temores acerca del futuro, aceptó el desafío de Jesús. A partir de ese desayuno dedicó su vida totalmente a Dios.

De la misma manera, cuando hemos fallado, nos inunda la duda y la frustración, pero podemos estar seguros de que Dios tiene el control de todo. Es posible dar el siguiente paso con toda confianza: servirlo con toda nuestra vida.

Cuando fallas, lo primero que tienes que hacer es asumir la responsabilidad de tus actos, aprender de cada error y mantener una actitud positiva siendo consciente de que el afrontar un fracaso no significa ser un fracasado.

Posteriormente elabora un plan de acción que te permita trabajar duro para mejorar y superar los obstáculos, y situaciones que te han derribado. Como mencioné en capítulos anteriores, cometer errores o haber fracasado en ocasiones no siempre es tan malo como pensamos, ya que podemos aprender de ello. Cuando ganamos y somos exitosos tendemos a celebrarlo y en algunos casos nos dormirnos en los laureles. Sin embargo, la decepción del fracaso nos duele, nos hace pensar, no nos deja dormir, nos lleva a replantearnos mentalmente una y otra vez las opciones que teníamos antes de equivocarnos. Si lo digerimos correctamente, esto se puede convertir en la energía que nos permita volver a intentarlo. Nos pondrá a trabajar más arduamente y con mayor esmero, permitiéndonos regresar más fortalecidos.

Recuerda:

«Muchos de los fracasos de la vida los experimentan las personas que no se dan cuenta de lo cerca que estaban del éxito cuando decidieron darse por vencidos», Thomas Edison.

CUANDO FALLAS, LO PRIMERO QUE TIENES QUE HACER ES ASUMIR LA RESPONSABILIDAD DE TUS ACTOS

Cada persona de éxito es alguien que falló, pero nunca se consideró un fracasado. Por ejemplo, a Wolfgang Amadeus Mozart, uno de los más grandes genios musicales. El emperador Ferdinando le dijo que su ópera *Las bodas de Fígaro* era demasiado ruidosa y que tenía demasiadas notas.

El pintor Vicent Van Gogh, cuyos cuadros alcanzan actualmente cifras astronómicas cuando se ponen a la venta, durante toda su vida vendió un solo cuadro. Thomas Edison, el más prolífico inventor de la historia, fue considerado cuando joven como alguien que era imposible que aprendiera nada. Y a Albert Eistein, el más grande pensador de la Munich le dijo que nunca llegaría muy arriba.

No es exagerado pensar que a todos los grandes hombres de éxito se les dieron múltiples razones para que creyesen que eran unos fracasados. Pero, a pesar de eso, ellos perseveraron. Frente a la adversidad, el rechazo y a los errores, siguieron creyendo en ellos mismos y rehusaron considerarse unos perdedores.

Más allá de nuestros errores, un nuevo amanecer puede llegar. A Pedro se le otorgó otra oportunidad, y puede ocurrir contigo. Además, no todos los días se nos brindan nuevas posibilidades, Pedro debe haber sabido eso y aprovechó la que tuvo enfrente.

Cuando reconoció este nuevo comienzo, Pedro no pudo contenerse. De la felicidad saltó a las aguas frías y nadó hasta llegar a Jesús. Un desayuno, una caminata, una conversación; una nueva oportunidad, un nuevo amanecer luego de una noche para el olvido.

No era para menos. El amigo traicionado venía a buscar al amigo traidor. Con razón Pedro no se detuvo luego en su misión de llevar el evangelio de las nuevas oportunidades a todas partes y a una Roma, donde lo mataron.

Si alguna vez te preguntaste qué fue lo que hizo que Pedro aceptara ser crucificado cabeza abajo, ya tienes la respuesta. No todos los días encontramos nuevas oportunidades, Pedro se encontró con una y tú también puedes hacerlo.

Ese discípulo comprendió miles de años atrás lo que luego entendió Henry Ford al decir:
«Fracasar es la oportunidad de comenzar de nuevo más inteligentemente».

¿Has pasado muchos años tratando de distanciarte de la persona que fuiste alguna vez?

¿Has batallado días enteros contra aquellos errores que arruinan tus deseos de agradar a Dios? ¿Has intentado hacer todo lo posible por mejorar tu conducta para que tus padres se sientan orgullosos de ti, pero sientes que nuevamente has fallado y que nunca lo lograrás?

MÁS ALLÁ DE NUESTROS ERRORES, UN NUEVO AMANECER PUEDE LLEGAR.

Pedro, aun en nuestros días, es recordado como un héroe de la fe y uno de los más grandes apóstoles de la historia.

No lo olvides:

Héroe puede ser el que gana una batalla o el que cae en medio de ella; pero nunca el que abandona el combate.

Hay un nuevo amanecer en tu futuro, una nueva oportunidad toca a tu puerta, depende de ti volver a intentarlo... Tienes una nueva posibilidad delante de ti. Corre hacia ella.

*«No estás aquí solo para ganarte la vida. Estás aquí para hacer que la vida sea más amplia, con una visión mayor, con un espíritu grande de esperanza y logro. Estás aquí para enriquecer al mundo, y te empobreces cuando te olvidas de esto».*Woodrow Wilson

Tiempo atrás, con mi esposa y mis hijas, tuvimos la oportunidad de visitar el Gran Cañón en Arizona (Estados Unidos) y las Cataratas del Iguazú(Brasil). Al llegar a esos lugares uno dice:¡Vaya! ¿Cómo puede alguien dudar de la existencia y del poder de Dios al ver tal majestuosidad? En verdad es impresionante, imposible de olvidar. Queda grabado en la mente. Creo que forman parte de las maravillas más grandes de las que podemos ver en la tierra.

Pero hay otra maravilla escondida en el mundo, que muchas veces no notamos ni se lleva el elogio o la alabanza que merece. Una maravilla que, cuando la percibimos nos marca la vida para siempre y deja una huella imborrable, no solo en el presente sino que tiene una connotación impredecible en el futuro.

Es una especie en peligro de extinción que posee un valor incalculable para la raza humana y marca la historia de la humanidad con logros, recompensas y satisfacción a lo largo de la vida. Esa especie en peligro de extinción son los padres que enseñan la Biblia a sus hijos, instruyéndolos para que vivan según sus principios, dándoles a conocer el amor de Dios. Son los maestros en escuelas y universidades que con sus vidas reflejan el amor de Dios. Son los empresarios que aportan sus impuestos al gobierno, que dan un trato justo a sus empleados y que sirven honestamente a sus clientes con la calidad que prometen. Son los hombres y mujeres que escogen hacer lo correcto antes que solo lo que les conviene. Son jóvenes que con sus vidas encarnan el modelo de Jesús, que instruyen en las Escrituras a las nuevas generaciones y que entregan sus mejores años a esa causa.

Es hora de actuar, sé parte de esa especie que no se extinguirá.

Comienza desde donde estás y con lo que tienes en tus manos. Recuerda que muchos hombres y mujeres que nos regalaron un mejor futuro se iniciaron sirviendo en pequeñas cosas que luego se convirtieron en gigantescos milagros.

Empieza sirviendo en los pequeños detalles de la vida. Cuando ayudas a algún anciano o a alguna persona con necesidades específicas estás sirviendo; cuando le prestas atención a un amigo que precisa ser escuchado también lo haces. Proponte ayudar en tu hogar, a tus padres, a tus hermanos; muéstrate accesible ante cualquier necesidad que veas a tu alrededor. No olvides que cuando predicas del amor de Dios con tus acciones y palabras a tu familia, a tus amigos, en la universidad o en tu trabajo, estás sirviendo.

EL QUE NO SIRVE, ¡NO SIRVE!

No tendrás la oportunidad de culpar a otros por el lugar o la situación en la que te encuentres en cinco o diez años. A esa altura estarás viviendo las consecuencias de tus decisiones de hoy. Es tu responsabilidad averiguar cuáles son los caminos que tienes que recorrer y utilizar todos los recursos que Dios te da para encaminarte hacia aquello que él ha preparado para ti. De esta manera puedes trazarte metas que te acercarán a la misión que tienes en esta vida. Solo tú puedes descubrir el propósito que Dios tuvo al crearte. Recuerda que sea cual fuere ese propósito siempre apuntará a servir a tu generación y a dejar una huella en la vida de los que te rodean.

Los sueños de Dios no caben en tus sueños, pero tus sueños sí caben en los sueños de Dios. Sueña en grande, pero asegúrate de que en tus sueños estén incluidos los sueños de los que te rodean, y ten por seguro que entonces, sí será un sueño de Dios.

A veces pensamos que a través del servicio podremos escalar posiciones y llegar a los sitiales o metas que nos hemos propuesto. Otras veces usamos el servicio como una excusa para alcanzar ciertos privilegios. Pero debemos corregir esta errada motivación y entender que el servir a otros en sí ya es un privilegio, un honor y una recompensa. Debemos canalizar nuestras motivaciones a través del amor y el agradecimiento.

EMPIEZA SIRVIENDO EN LOS PEQUEÑOS DETALLES DE LA VIDA.

Debemos servir porque entendemos que es uno de los privilegios que Dios nos da y porque comprendemos la grandeza y el honor de ser parte de este gran operativo de rescate de un mundo perdido que necesita con extrema urgencia experimentar el amor incondicional de Dios a través de nuestras vidas.

Un gran ejemplo de cómo encauzar nuestros talentos como una oportunidad para servir a otros y no solamente para sobresalir o destacarnos en algo, fue Eric Liddell, uno de los misioneros que más ha impactado mi vida. Él fue hijo de una pareja de misioneros que había entregado su vida para servir en la China. Desde muy pequeños, Eric y sus hermanos vieron a sus padres abocarse con una pasión inconmovible al pueblo chino. En 1920 se inscribió en la Universidad de Edimburgo, donde descubrió sus aptitudes y desarrolló sus dotes atléticas, ganando grandes premios y destacándose como corredor.

En el momento cúspide de su carrera deportiva, habiendo conseguido la medalla dorada en las olimpiadas de París en 1924, y habiendo batido un nuevo récord mundial, decidió dejar todos sus logros de lado para correr una mejor carrera: servir a Dios.

Una vez finalizadas las Olimpíadas de París, y luego de haber concluido sus estudios universitarios, regresó a China, donde sirvió como misionero desde 1925 hasta 1943. Su trabajo misionero tuvo el adicional del gran riesgo que corría su vida, ya que en ese entonces se produjo la invasión japonesa a China. En 1943, Liddell junto con otros misioneros americanos pasó a trabajar tras las líneas japonesas. Ese mismo año aparecieron los primeros síntomas de la enfermedad que le provocaría la muerte: un tumor cerebral. Al poco tiempo fue internado en Weishien. Dos años más tarde, el extraordinario corredor olímpico y abnegado misionero falleció en China.

Al enterarse de la muerte de Liddell, Escocia y toda Gran Bretaña estuvieron de luto.

Su enfermera relata que sus últimas palabras fueron de regocijo por la tarea cumplida: «Lo he entregado todo». La pasión de servir a esa nación no fue detenida por la fama ni por el dinero, había dedicado su vida a ayudar y dar a conocer a Jesús. Utilizó la habilidad de ser un gran corredor para servir a otros. Durante la guerra corría kilómetros trasladando a los heridos para que fueran atendidos. En una ocasión Eric dijo: «No tienes que ser famoso o especialista para servir al Señor. Dios pregunta solamente si en lo que te desempeñas lo haces con sinceridad y fidelidad. Dios te ha llamado para que lleves fruto, y ese fruto debe permanecer. Dios honra a sus fieles, y él honrará tu obediencia con una vida que trascienda hasta la eternidad. La entrega completa a Cristo es la victoria total».

¿Quieres desafiar a tu futuro y que se expanda hasta latitudes insospechadas?

Dirige tu vida a ayudar a otros que tal vez han transitado las sendas del dolor y de la frustración que tú también has vivido. Recuerda, fuiste creado para brillar e iluminar el camino de los que están cerca de ti. Sé incluyente, anima a los demás, sírvelos, atráelos para que a través de ti puedan conocer al Señor de tu vida. Busca la forma de crear los espacios y oportunidades para brindar tu ayuda.

BUSCA LA FORMA DE CREAR LOS ESPACIOS Y OPORTUNIDADES PARA BRINDAR TU AYUDA

Salvador Dalí decía: «¿Quieres interesar a los demás? ¡Provócalos!»

¿Quieres dejar una huella positiva en la vida de la gente? Busca oportunidades para servir, no para sobresalir. Si tu motivación es la correcta puedo asegurarte que estarás imprimiendo una huella imborrable en la vida de los demás.

Lógicamente no podemos obviar el hecho de que las consecuencias que se producen cuando sirves a la gente son inminentes, sumamente poderosas y generan bendiciones que no podrás dimensionar. Vendrán desde el cielo con resultados eternos para las personas a las que has ayudado y también llegarán a tu vida por haber sembrado semillas de servicio. Aunque no lo hayas hecho para recibir recompensas, aun así, ¡llegarán!

Cuando eso suceda no olvides *que cuando Dios te bendice es simplemente para que puedas servir a más personas.*

La mayor recompensa es saber que tu vida ha sido útil para ayudar y rescatar de la desesperanza y el dolor a otros. Tal como lo reflejan las palabras de Jesús en Mateo 20:28: «Como el Hijo del hombre no vino para que le sirvan, sino para servir, y dar su vida en rescate por muchos».

Hoy tienes el poder de ser artífice y rediseñar un nuevo horizonte en tu futuro y en el de otros. Es posible que escuches esa voz que cree saberlo todo, que dice que lo que se viene no es mejor de lo que has vivido hasta hoy. Pero está vez nada te detendrá, lo más importante no es cuál fue tu punto de partida, sino el destino al que te diriges.

Lo que cuenta no es como empiezas sino como terminas.

El desafío es ineludible, el futuro está en tus manos, aduéñate de él.

BIBLIOGRAFÍA

Tú puedes cambiar el mundo, Editorial Peniel, 2005.
Lucas Leys, *Viene David*, Editorial Certeza, 1999
Dr. Myles Munroe, *El Espíritu de Liderazgo*, Whitaker house, 2005
Michael Smith, *Este es tu tiempo*, Editorial Peniel, 1999
John Maxell, *El lado positivo del fracaso*, Editorial Betania, 2011
Benardo Starmateas, *Fracasos exitosos*, Ediciones B. Argentina, 2007
Leo Alcalá, *Logro de Metas*
Max Lucado, *Con razón lo llaman el Salvador*, Editorial Unilit, 1995
Gregg Steinberg, *Lecciones de vuelo*, Grupo Nelson, 2007
Cesar Castellanos, *Sueña y ganarás el mundo*, Vilit Editorial, 1999
Sean Covey, *Las 6 decisiones más importantes de tu vida*, Random House Mondadori, 2007
Lucas Leys y Dante Gebel, *Asuntos Internos*, Editorial Vida, 2011

si trabajas con jóvenes nuestro deseo es ayudarte

UN MONTÓN DE RECURSOS PARA TU MINISTERIO JUVENIL

Visítanos en
www.especialidadesjuveniles.com

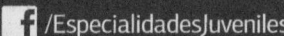 /EspecialidadesJuveniles 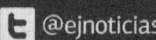 @ejnoticias

Nos agradaría recibir noticias suyas.
Por favor, envíe sus comentarios
sobre este libro a la dirección
que aparece a continuación.
Muchas gracias.

vida@zondervan.com
www.editorialvida.com

www.ingramcontent.com/pod-product-compliance
Lightning Source LLC
LaVergne TN
LVHW030635080426
835510LV00022B/3376